给宝宝取个好听的名字

张永婷 编著

金城出版社
GOLD WALL PRESS
·北京·

图书在版编目(CIP)数据

给宝宝取个好听的名字 / 张永婷编著. — 北京 ：
金城出版社有限公司，2021.5

ISBN 978-7-5155-2164-0

Ⅰ. ①给… Ⅱ. ①张… Ⅲ. ①姓名学－中国 Ⅳ. ①K810.2

中国版本图书馆 CIP 数据核字(2021)第 033343 号

给宝宝取个好听的名字

作　　者　张永婷
责任编辑　雷燕青
责任校对　郝俊伟
开　　本　710 毫米×1000 毫米　1/16
印　　张　15
字　　数　120 千字
版　　次　2021 年 5 月第 1 版
印　　次　2021 年 5 月第 1 次印刷
印　　刷　三河市宏顺兴印刷有限公司
书　　号　ISBN 978-7-5155-2164-0
定　　价　45.00 元

出版发行　**金城出版社有限公司**　北京市朝阳区利泽东二路 3 号　100102
发 行 部　(010) 84254364
编 辑 部　(010) 64210080
总 编 室　(010) 64228516
网　　址　http://www.jccb.com.cn
电子邮箱　jinchengchuban@163.com
法律顾问　北京市安理律师事务所 (电话)18911105819

前言

Foreword

凡人必有姓和名。姓名是代表人的符号，从广义信息论的角度来说，各种符号都有其内在的含义，包含它所代表的实体。人的姓名除了代表这个人之外，还与这个人的人生及其性格、健康状况有关。每个人出生后，父母都会为我们取个自认为好听又寓意美好的名字。当然，因为受知识水平所限，还有一些其他方面的影响，大家起的名字花样繁多，也有出现重名的现象。为了给想要起名字的广大读者朋友们提供参考，我们特此编写了本书。

俗话说：赐子千金，不如教子一艺；教子一艺，不如赐子好名。给子女起一个包含双亲期望的好名字，无异于送给他（她）一件最珍贵的礼物。

名字非常重要，它可能影响一个人的很多方面。一个好的名字不仅能给人深刻印象，而且也是一个人步入社会，一个组织影响社会的重要钥匙。它是一个人或一个组织的个性特征。

随着文明的推进，时代的进步，物质世界的不断丰富，精神需求的不断升华，当代家长对子女的身心与未来，投以更多的关注。因此，那种注重“名分”的东方文明，又必然使当代家长把孩子起名看成是生活中的大事。

大量事实证明，一个好的名字可以给宝宝以能量、给宝宝以自信，引导宝宝从一个成功走向另一个成功，好名伴宝宝一生，能使宝宝获益匪浅。一个孩子，如果能有一个响亮吉顺的名字，那么，就像一只“凤雏”披一身五彩绚丽的羽毛，他（她）美好的未来也就可想而知。“子女好生，吉名难取”，一个孩子名字的好坏往往影响其一生。自古至今就有“人怕起错名，地怕起错形”之诫。

那么，怎样为自己的孩子取好一个吉祥的名字呢?

为了解决父母为孩子起名难的问题，本书系统地从多角度为父母介绍给孩子起名的基本原则和基本方法，同时新增了符合现在社会大众对于名字所赋予的更多的精神需求的参考，当然也兼顾了科学性和我国民间取名命名的传统习俗。

本书既包含了起名字的基本方式和技巧，又有现实方便参照的实例，还为广大读者朋友们优选了一些趣味性的起名参考内容。希望此书能为您的宝宝起一个好名字提供有益的参考和借鉴。

目 录

Content

第一章 姓名与人生 起名文化源远流长

贵子降临，一“名”惊人。一个好名字，可以是一首诗、一幅画、一支歌、一声美好的祝福、一场心灵的甘霖。好名字象征着一个人的外在形象、人生品位、文化信仰，甚至一生的运气。

第二章 好名伴一生 给宝宝取个好名字的思路

给宝宝取个好名字，就是送给他们一件珍贵的礼物。起名的思路多种多样，最重要的一条是从自己的实际出发，起个独具特色的好名字。

第三章 起名有原则 好名字助益孩子一生

名字既是一个身份标志记号，同时又赋予家长对子女的美好愿望和良好祝福。具有美好意义的名字，不仅会令人赏心悦目，也会给叫这个名字的人增光添彩。因此，名字的语言美是人们在起名时最关注的问题。

第四章 名不正则言不顺 宝宝取名的禁忌

自古以来，每个父母都希望自己儿女的名字响亮、动听，让人好懂，容易叫，容易记，而又富有内涵。那么，在给孩子起名的时候，为了避免陷入起名误区，了解一些关于起名的禁忌就显得十分必要了。

第五章 美名是人的骄傲 宝宝起名技法解析

当宝宝出世时，年轻父母刚刚成为父母之时，总翻开厚厚的辞海、辞源搜肠刮肚，绞尽脑汁试图为自己宝贝起个好名字；但是，却常常给孩子起不出好名字。其实，起名是一种创造性的智力活动，需要掌握一定的技法。

第一章 姓名与人生

起名文化源远流长

贵子降临，一“名”惊人。一个好名字，可以是一首诗、一幅画、一支歌、一声美好的祝福、一场心灵的甘霖。好名字象征着一个人的外在形象、人生品位、文化信仰，甚至一生的运气。

一、姓与氏的探源

姓名，是人的符号，是人们在社会交往中的称谓。仅就姓而言，它是表明某人属于某家族的字。简略地说，姓是表明家族的字。

1. 姓和氏的关系

人们常说："以姓氏笔画为序。"姓与氏是联系在一起的，表明姓与氏相等。但这是现今的概念，在先秦以前，姓与氏是两个不同的概念，且在先秦时有严格的区别。

2. 姓和氏的发展及演变

在家族、氏族未产生以前的远古时代，人类生活在一种游猎与原始游群的状态中。没有确定的婚姻关系，也没有真正的组织。经过长时期发展，原始的游群发展成为一种较高级的形态，即母系氏族社会。在这种社会组织中，男子外出游猎，漂泊不定；而女子则定居一方，从事采集生产。相比而言，女子的食、宿反倒有所保证；而男子则是饥一顿、饱一顿，成为"投宿者"。由于男女没有固定的配偶，其子、女只知有母，母亲便成为后嗣唯一确认的尊亲。那时候，未有三纲六纪，世人但知有母，不知有父。

中国古代神话传说认为，女娲为人类始祖之一。女娲人首蛇身，且曾因"四极废，九州裂，天不兼覆，地不周载"而"炼五色石以补苍天”。

这一神话传说，反映了原始社会母权制时期的情景；人首蛇身，可能是蛇图腾的反映。这种经母系为中心的氏族，子孙从母而为母系系属。我国最古老的姓氏姬、妫、姒、姚、姜等。或从“女”旁，或含“女”字，绝非偶然。这种姓，是母系社会共同血缘关系的标记和表征。

在原始氏族的某一时期，有一氏族（或部落）从穴居和洞居中走出来，构木为巢。巢居是人工的产物，不同于利用自然的穴居和洞居，应该算做一种“发明”。且巢居的环境比穴居和洞居的环境要舒适多了，自然会引起其他氏族的注目、羡慕和模仿。这一首先发明巢居的氏族，便自称或被称为“有巢氏”。而第一个发明钻木取火的氏族，则自称或被称为“燧人氏”。

由此可见，原始氏族中的“氏”，与先秦时代的“氏”概念有所不同。当然，图腾氏族中的图腾标记，有的可能被传递下来，成为后来某一家族的姓氏；但更多的图腾标记没有被传递下来，其氏族后裔并没有将图腾标记引为姓氏。

上古的姓源于母系，该是没有大疑问的。即便黄帝和炎帝是由于出生在姬水和姜水，从而得姓“姬”和“姜”，又从“女”旁和含有“女”字，那么姬水流域和姜水流域可能就是姬姓母系氏族和姜姓母系氏族繁衍生活的场所。

黄帝以“姬”为姓，却不称“少典氏”或“有蟜氏”，而称“有熊氏”和“轩辕氏”。这是由于黄帝所率领的部落群在战胜炎帝所率领的部落群以后，又打败了蚩尤率领的九黎族部落群，然后驻在“有熊”这个地方（相当于后来的建都）。黄帝的氏族部落，以驻在地而得“有熊氏”。

至于“轩辕氏”，一说“轩辕”也是地名，《史记·五帝本纪》记载：“黄帝轩辕之立，而娶于西陵之女，是为嫘祖。”还有一说，黄帝（氏族）因发明了以马拉车，而得“轩辕氏”（古代一种有帷幕而前顶较高的车为“轩”，车前驾牲畜的两根直木为“辕”）。这与“有巢氏”“燧人氏”的来源类同。

炎帝以“姜”为姓，又称神农氏。《白虎通·号》曰：“古之人，皆食禽兽肉。至于神农，人口众多。禽兽不足，于是神农因天之时，分地之利，制耒耜，教民农作。”发明农业的氏族，被称为“神农氏”。

综上所述，我们可以看到，人类的原始游群时代、母系氏族时代乃至上古五帝时代（父系氏族）的姓与氏，不同于先秦和现代的姓氏观念。那时不仅可分支，可以重新命名，就是姓也并非全由其后人承继、续传。

上古至西周的帝、王姓氏如下：

黄帝，姬姓，有熊氏，高旭氏。

颛顼，姬姓，名项，高阳氏。

尧，祁姓，名放勋，陶唐氏。

舜，姚姓，名文命。

汤，子姓，又称武汤、武王、天乙、成汤。

姬发，姬姓，名发，即周武王，周文王姬昌之子。

从以上帝、王姓氏中可见，以姓名合一而称，是从西周开始的。姬昌（周文王）传子姬发（周武王），姬发以下一次为成王姬诵、康王姬钊、昭王姬瑕……东周最后一个王为悼王姬猛。

姓、氏合一，是战国时代逐渐而成的。到了汉代，大多人便只称姓而不称氏了，这与家族宗法制度的确立有关。

二、人名的来源与变迁

古今中外，不论男女老少，贵贱尊卑，都有自己的名字。名字和人，如同形影相随，相濡以沫，关系十分密切。

1. 人名的来源

那么，人名是如何产生的，又是如何演变和发展的呢？名字的文化色彩绚丽多姿，丰富多彩，回溯起来可谓回味无穷。

远古时期，我们的祖先过着群居生活，依靠采集和狩猎来维持生存，他们的生活方式很原始，并不需要通过姓名来彼此区分。

随着社会的不断进步和人口的逐渐增多，为将某一群人与另一群人区别出来，某一群人共有的标志便应运而生了，这就是人们通常所说的姓。在一群人当中，为了便于相互区分，就出现了仅属于个人的标志，这种标志就是名。

当时，在社会交往过程中，不管哪一群人，在自己内部只需用名就可以相互区分。如果与另外一群人交往，只称呼名字就不能明确表明自己的身份特征了，只有将自己所在人群的标志——姓与自己的标志——名结合起来，才能将自己从迥然相异的人群中区分出来。

从汉字“名”字本身，我们就能推知名字起源的最初含义。“名”字是由“夕”和“口”两部分组成。对此字的释义，《说文解字》解释为：名，自命也，从口、夕。夕者，冥也，冥不相见，故以口自名。意思为，人们在早期的社会交往中，白天相见，便可以通过面貌、形体、声音等相互辨识。到了夜晚，互相不能看清楚，就只能通过互报名字来加以区分了。

由此可见，人名的产生是社会交往的需要，它本质的作用，就是在社会交往中便于相互区别。

我国最早拥有自己固定名字的人，可能是那些传说中氏族社会的首领，或是在部族战争中出现的英雄。但这些人名，严格说来是族名、公名，而不是人名、私名。

后来，人名便开始表明一定的特点，《礼记·祭法》中说：“黄帝正名百物。”这时，名、实才有了一定的相符性，譬如有巢氏、燧人氏、伏羲氏、烈山氏、轩辕氏等，大多反映出一定的历史事实。

文字出现之后，开始由口头表达的人名同时进化到了文字阶段。在目前已经发掘的一些原始社会陶器中，上面都刻着一两个符号。经过考证，这些符号多数与日期和人名相关。

我国有确切文字记载的历史是从殷商时代开始的。那时，文字大量出现并逐渐定型，其中很大一部分是人名。在商朝的甲骨卜辞中，不仅有“名”这个汉字，而且还有“示壬”“中丁”“外丙”“小乙”等人名。这些都是我国最早有文字记载的名字。

2. 人名的变迁

殷商时期的人名主要分为两类，其一是作为最高统治者的王，均以天干之字为名；其二是从事占卜吉凶的贞人，均为一字单名，诸如争、行、韦、大、宾等。

从周朝开始，首先是氏和名连称。姓与氏合在一起后，姓与名连称便成为全社会的习惯。由此，姓加名的模式自秦汉伊始，一直延续到如今，且男女取名的基本模式大体相同。

我国人名早在上古时期，就已经形成了单名和双名并行的格局，一直延续至今。与姓氏相比较，名的格局更为稳定。取单名还是取双名，要因时代而异。

从周朝到两汉，由于姓或氏与名连称，人们便习惯于起单名。这时起单名的习惯，主要考虑两个因素：其一是求偶心理，因为人们都认为偶数为吉祥数字；其二是方便使用，即好叫、好记、好识。而且，由于当时人口不多，取单名不会有重名现象发生。

两汉以后，双名的增长势头十分猛。唐宋之后，双名比例迅速攀升，很快就占据了绝对的优势。历史上双名大量涌现，与范字的使用紧密相关。范字对于理顺整个家庭的谱系关系具有十分重要的作用。由家族的先祖为后代规定范字，使属于这个家族系统的每一成员一出生便按辈分对字入座。

两汉之后，大都取双名并让其中的一个字相同，作为表示同辈人的范字。这种范字最初在家庭使用，后来逐渐发展到家族。

我国宗法社会对血亲关系十分重视。不管帝王将相或庶民百姓，从生到死都要受到家族的约束。男子死后，其名要载入其家谱或族谱中。由于家族范字完全适应了以族权为支柱的中国宗法社会的需要，必然会受到统治者与社会各阶层人士的广泛青睐与重视。

到了宋代，家族范字达到了较为完善的地步，特别是统治者对家族范字的制定有着十分严格的要求。带有家族范字的名，通常称为谱名。谱名是人的正式名称，历来受到人们的重视，但这只是针对男子来说的。因为我国的宗谱只是男子的谱系，女子只不过是作为丈夫的陪衬而出现在宗谱里的。

在一个相当大的家族里，儿子往往追随家族范字，女儿则会另取家族范字，诸如《红楼梦》中贾宝玉、贾琏、贾琮、贾珩、贾琛、贾琼。每个人名里均含“玉”字，使用的均是局部范字（即字的某个部首或构件）；贾宝玉的姊妹则与“玉”字无关，均范“春”字，分别是贾元春、贾迎春、贾探春和贾惜春。

在等级森严的宗法社会中，父母之命对于子女来说，有一种无法抗拒的力量。既然取名的权力属于父母，那么名的地位自然就十分特殊。现代人的名字较为自由，除了对长辈不便直呼名字外，其他场合均没有太多的禁忌，既可以称呼全名，又可以单称呼名。

人名是在人类社会处于原始时期出现的一种文化现象，它的起源及发展曾经历过一个从不完善到完善的过程。最早，它是人们随意用来区分彼此的称号，后来又演变成固定身份的标志，在文字出现后又以文字的形式记载了下来。从名产生的那天开始，名便显示出不可替代的作用。

人名不仅为人类保存着文化，再现着历史，也在推动着人类历史和文化的发展。在通向未来的漫长岁月里，人名与人类生活的关系将会更加密切，每个人名的使用频率将会超过以往任何时代。

在当代，人名的作用不仅不会削弱，而且还会得到进一步加强。从这种意义上来说，人名的好坏、美丑必然会给人们的生活带来多种影响。因此，在当代社会中，取个好名字的作用尤其重要。

三、历代姓名演变趋势

在我国漫长的封建社会里，汉族人的称谓从姓、名到字、号，基本形成一定规律，可谓有章可循，保持相对稳定。

1. 不同历史时期姓名的特点

总体看汉族人姓名虽然起伏变化不大，但不同朝代的姓名因受时代潮流影响，仍带有当时的一些特点：

（1）春秋时期，姓与名之间多加“之”“子”等助词，形成一种取名格式。

如春秋时期的楚国大夫伍奢，又称伍子奢，其次子为吴国名将伍员，字子胥。曾随晋文公重耳一起流亡国外的晋国贵族介之推，又称介子推、介推。

（2）汉代人名字多为单名。

如东汉天文学家张衡，三国时著名政治家曹操。东汉末年荆州刺史刘表的儿子刘琦、刘琮，均为单名，以“王”字偏旁表示兄弟同出身王侯之家。

（3）魏晋六朝名字喜用“之”字。

如东晋“书圣”王羲之，其儿子为王献之；南北朝时南朝著名数学家祖冲之，其父祖朔之。史学家陈寅恪经考证认为，“之”字为五斗米道（天师道）标志，当时士大夫竞相以它为名。由于崇尚道教，人们多喜用玄、道等字起名。

（4）唐人名字多喜标排行。

如唐朝诗人李商隐称李十六、刘禹锡称刘十九。在杜甫的《草堂诗笺》中可见张十三建封、卫八处士、唐十八使君等排行称谓。当时的排行包括远房兄弟在内。

（5）宋人崇尚黄老之学，在文人中多以某某老、某某叟、某某翁为名。

清代文学家赵翼在《陔余丛考》中，列举名为胡唐老、刘唐老、孟元老、陈朝老的就有19例。

（6）辽、金、元朝人名多用“奴”“哥”字。如辽景帝的儿子名耶律药师奴，元宪宗本名蒙哥。

（7）五四运动后，随着封建王朝的覆灭，各种进步思潮的传入，社会制度的变革，“两千年一贯制”的汉族人姓名结构也出现种种演变。

20 世纪 20 年代，国内知识界有人呼吁取消标志封建宗法关系的姓氏，在进步青年中曾时兴废姓改名风。1930 年 4 月 18 日，当时的南京政府立法院曾召开婚姻、家庭存废问题座谈会，讨论姓的废与留，出现了不同意见：有的认为用父姓不公道，用母姓不妥当，可设法用别的符号来代替；有的表示有姓好，没姓也好；从父姓好，从母姓也好。后来社会学家潘光旦在《新月》发表文章，认为姓在中国至少有 3000 年历史，废止姓氏会引起纷乱。这场讨论虽不了了之，但对旧的姓氏制度冲击是很大的。女作家丁玲原名蒋伟，字冰之，她就是在那时废姓，以字“冰之”为名，后又改名为丁玲的。

2. 五四运动后姓名的演变趋势

从五四运动到现在不过八十多年，但中国人姓名演变之快，可以说要超过以往的 2000 年。近几十年来汉族人姓名演变呈现以下趋势：

（1）复姓大量减少，逐渐演变为单姓。

早在古代，就有人将复姓省言为单姓，如“闾邱”省为“邱”姓，“钟离”省为“钟”姓，“司寇”省为“寇”姓。现代人嫌复姓麻烦，大多已改为单姓。如“司马”改姓“马”，“东方”改姓“方”，“欧阳”改姓“欧”，“公孙”改姓“孙”等。有关部门根据 1982 年全国人口普查资料，对全国七省市 174900 人名进行抽查，仅得 8 个复姓 99 人次，占总人数 0.058%，少得可怜，而三字姓则一个也没有。

几十年前常见的复姓，如司徒、皇甫、宇文等，如今已属罕见。

（2）汉字简化带来一些姓氏合二为一。

如“衍”和“术”，在汉字简化前为不同姓，现在均简化为后者。“雲”简化为“云”后，这两字原为不同姓。

（3）男女平等，妇女也堂堂正正有了自己的名字。

女子结婚后不再改变自己的姓氏，称某某氏等。这标志着中国妇女已摆脱“嫁夫从夫”的封建夫权统治，被誉为是新中国成立后汉族姓名最大的变化之一。

与此同时，随着农村广大农民政治上、经济上的解放，文化水平的提高，一些过去连名字都没有的贫苦农民，现今也都有了自己的名字。劳动人民没自己名字的苦难历史已一去不复返了。

（4）姓名由复杂向简单化发展。

过去，人们的称谓由姓、名、字、号组成，如生于1864年的书画家齐白石，原名纯芝，字渭清，后改名璜，字濒生，号白石，别号借山吟馆主者、寄萍老人等，名、字、号一大串。如今，名与字合一统称名字，表字、别号已没人使用了，姓加名即为一个人的姓名，或两字或三字，既简单又明确，符合现代化生活节奏。

（5）用单独一个字命名的现象比过去大为增加，由此引起的重名现象比过去更为突出。

以前人们多用两个字为名，重名较少，现在的青少年多喜用单字为名，重名相当普遍。仅沈阳市一地，就有3000名以上分别叫“王伟”“李杰”的人。人们多喜爱伟、杰、英、华、明、志等有气势的字，又以单字为名，一取名大多与别人重名。

（6）人名用字的风格发生变化。

时代因素（政治、社会风气等）往往要影响到各时期人名的用字。新中国成立初期，为孩子取名为“建国”“建华”“抗美”“援朝”等特别多；如今，人们在为孩子取名时已转向选择有气魄的字。如“伟”“海”“波”“涛”“飞”“毅”“宇”“锋”“巍”等；或追求新颖、脱俗，选用文雅、别致的字，如“婷”“磊”“昕”“璐”“萌”“森”“玮”“楠”“莹”“蕾”等。

（7）文化圈中取笔名、艺名的，或改名的，已成为一种时尚。

在封建社会，很少有人改名，因为那是父母起的，轻易动不得。如今改名的现象日见增多。在原有姓名之外，有的作家、记者另取笔名，有的演员、艺术家另取艺名，还有用化名、别名的，呈多元化趋向。

（8）少数中国人起外国人名字。

近代中国由于受西方文化与宗教的影响，有些人曾起外国人名字，如原清华大学有个留洋体育教授，就取名马约翰。近年来，随着我国改革开放，一批青年学生赴外国留学，国人与外国人交往增多，取外国名字的现象日见增多，如彼得、乔治、大卫、玛丽、安娜等。但他们仍保留原有姓氏，成为中西合璧式姓名。

（9）单姓四字名正悄然兴起。

也许受“一对夫妇只生一个孩子”的计划生育政策影响，也许为避免重名现象，由父母双方姓氏组成的四字姓名正在中国大地悄然兴起。据报载，山东省已出现单姓四字姓名2800多例，大体有三种表现形式：一是父母合姓加两字名；二是父姓或母姓后面带一个三字名；三是以父母姓氏各带一个单字名组成。如中国女排老将曹慧英，丈夫姓殷，女儿取名为“殷乐笑子”。

上述变化趋势，有的是可喜的进步，如妇女有了自己的名字，姓名趋向简单等；也有的属演变中出现的新问题，如单字取名带来的重名现象等。这些演变可谓有喜有忧，评价不一。如何兴利除弊，积极引导姓名向健康、合理的方向发展，已引起社会学家们的广泛关注。

四、话说人名

中国人的名字，不仅是用来区别彼此的符号，而且还是中国文化的缩影。无论是我们通常所说的名字，还是名号、小名、诨号、笔名、艺名等，无不含有丰富的中国传统文化知识。父母要想为孩子取个好名字，了解和掌握这些知识是完全有必要的。

1. 人与名字的关系

我们每个人都有姓名，而且无论是在社会交往还是在生活中的其他方面，都要使用自己的名字。如填履历表时，要首先写上自己的名字，在名片上要印上自己的名字，在与陌生人交往时要“自报家门”，在与朋友打电话时也要说出自己的名字。由此可见，名字对我们人类来说是多么重要。

名字除作为人际间彼此区别的标志外，还有丰富的内容和多种多样的功能。当父母为孩子取名字时，名字就已经开始被赋予了对后辈的期望和无限亲情。现代年轻的父母喜欢为孩子取名“豆豆”“咪咪”“莎莎”“妞妞”，其中就包含了许多对孩子的珍爱心态；过去的父母喜欢为孩子取名“石头”“拴柱”“结实”“狗剩”，同样表现了父母的一片爱心。

如果自己为自己取名、改名，那么所取的新名字也同样饱含丰富的文化内容，寄托自己的志向和对自己的勉励、鞭策。唐代女皇武则天曾给自己取名为“曌”，意思是日月当空，普照大地；明末农民领袖李自成原名李鸿基，在成为农民领袖前改名李自成，意思是大丈夫要自成自立、干出一番事业。同样，太平天国领袖洪秀全，原名洪仁坤，后来改名秀全，在名字中暗藏了“禾乃人王”四字，其中“禾”是“我”字的谐音和变体，“禾乃人王”亦即“我乃人王”，意思是“我要做天下百姓的领袖”。这一名字反映了他的追求和抱负，用意十分明显。

人的名字有时还有明显的时代性和纪念意义。如新中国成立以来，人们取名就有明显的时代特征。如1949年前后出生的人取名“建国”，“大跃进”时候的人取名“跃进”，60年代初期的人取名“反帝”“反修”“向东”，十一届亚运会期间出生的人取名“盼盼”（亚运会吉祥物大熊猫的名字）。上述这些，无不具有鲜明的时代烙印。我们中国人的名字有时还是家族或兄弟姐妹中排行的代表字。

如人们熟知的《红楼梦》中贾宝玉一家，在宝玉一辈人中有贾珍、贾琏、贾环、贾珠等，他们不是同胞兄弟但属同一家族，因此名字中共用“王”旁，并以此作为他们排行的代表字。同样，贾宝玉父辈贾敬、贾政等共用“文”旁，子辈贾蔷、贾蓉等共用“草”头，这“文”“草”也都是排行的标志。又如我国古代兄弟排行时，习惯用伯、仲、叔、季加以区别，意思与今天的数字一、二、三、四差不多。这些字用在人名中，成了人名的一部分，也就具有了名字的意义。

人与名字的关系除上述几点外，值得一提的还是民族心态的反映。如民间有重男轻女的习俗，这一习俗反映在名字上，是有些生了女儿的父母把对儿子的希望寄托在下一胎上，并通过女儿的名字反映出来。关于这点，有人讲了一则笑话，大意是说，一对夫妻接连生了五个女儿，仍想生个儿子，于是便为女儿分别取名为招娣（弟）、引娣、盼娣、想娣、邀娣，等生了第六个孩子仍是个女儿，只好打消了再生孩子的念头，取名“绝招”。这则笑话讲的当然是多年以前的情况，但我们从中不难看出，名字所反映的民族心态是何等的清楚、直接！

总之，人名与我们生活的各个方面关系密切，人名字的作用广泛。弄清了人与名字的关系和意义，将有助于我们重新认识自己的名字，并且为自己改名和为孩子取个好名字提供借鉴。

2. 人名的基本属性

首先是人名的专指性。人名是人际间彼此区别的标志，一个名只能代表一个人。否则，人名就丧失了它的专指意义，其实际作用就要大为减弱。如提起“花木兰”这个名字，大家都知道是指古代一位替父从军、为国杀敌的女英雄；提到“雷锋”，就会联想到他是助人为乐的好青年、大家学习的好榜样，而不会想到另外的人。这里的“花木兰”“雷锋”都有明显的专指意义。如在第七届全国人大代表资格审定期间，也曾发现有同姓名的情况，即浙江代表名单中有两位“张玉兰”，河南代表中有两位“赵福林”。这种姓名相同的情况是有悖于人名的专指性的，同时也不利于当事人之间的区分。因此，有关人员为了防止可能出现的误会，就在四位代表名前分别加上各自所在的地名，成为“湖州张玉兰”“瑞安张玉兰”和“安阳赵福林”“焦作赵福林”。这种做法的本身，实际上也是对这些有悖于人名专指性的名字所做的调整。当然，有些本是专指的名字会随时代和环境的变化而失去专指作用，但有时也会失去这种专指作用而转化为另一种专指。这类的例子也是非常多的。如明清时期，“梅香”这个名字原指某一大户人家的丫环，后来，因为把丫环叫作“梅香”的人特别多，于是“梅香”

也就成丫环的代名词。随着这种由一个“梅香”而向众多的丫环代名词的转换，“梅香”一名也就完成了由一种专指而向另一种专指的过渡，其转化前后仍没有离开人名的这一专指属性。

其次是人名的简便性。中国的人名，一个字，两个字，简简单单，既便于记忆，又便于传播，完全不同于西方社会罗列一大串的人名。我们知道，名字的制定和传播要以语言文字为媒体，中国人名字的媒体就是汉语和汉字。由于汉语和汉字具有音节简单的特点，因此，中国人的名字也以单字名或双字名为主。这种人名用字极少、音节简单，十分有利于人名的记忆和传播。如果把一个两字的中国人名和一个10字的俄国人名放在一起，让你去辨认和记忆，那么，你首先记住和说出的是两个字的中国人的名字。这种简单易记的中国人名字的优越性是西方任何一个国家都无法比拟的。

中国人名的属性除上述两点外，还有它的审美性、稳定性和地域性。其中，审美性是指人名对那些含有贬义、发音含混不清、容易引起误解的汉字的排斥，在所取名字的字义上要求庄重、典雅，在发音上要求响亮、动听，在字形上要求繁简适中、搭配得当；稳定性是指人名一旦成为某一个人的标志，将伴随他终生。

因此，在取名时要有长远观点，不可草率从事。对一些时效性很强的名字，尽管一时可能被认为时髦，或者读来颇为亲切，但很难经得起时间的检验，时间一长，就会显得别扭了。试想，诸如小小、丹丹之类的名字放在孩子身上会让人有一种亲切感，但过了六七十年后，已经是老头、老太太的他们还叫这些名字，别人的感觉会是怎样？

中国人名的地域性是指由于我们的国土幅员辽阔，不同地区的人名往往带有不同地区的特色。如果带着明显地域色彩的人名离开了原来所在的地区，也可能引起意想不到的后果。如在广东、福建沿海，人们信奉妈祖，取名时往往带上妈字，以期得到妈祖保佑。但由于妈字是母亲的代称，在名字中带有妈字，在其他地区可能要犯忌和遭人嘲笑的。有鉴于此，尽管人名的地域性是一种客观存在，在命名时，还是要尽量避免为好。

总而言之，人名是一个社会文化现象，无时无刻不在与社会发生联系。因此，无论是在我们研究人名还是在为人取名时，都要把它与社会联系起来，充分考虑它的基本属性，从而使它发挥应有的社会作用。

3. 古人的称谓

今天的中国人，大多只有一姓一名。但在古代，人们的姓名远没有这么简单。在通常的情况下，除了姓和名以外，还有字（表字）、号等。

我们今天常说的某某人叫什么名字，其“名字”一词，在古代包括“姓”“名”“字”三个部分，三者各有各的性能和作用，是三个各自独立而又相互依存的整体。

古人生下不久就有了名，长大以后要取字，两者相连，通称名字。关于二者的作用，清朝人王应奎曾说：“古者名以正体，字以表德。”意思是说，名是用来区分彼此的，字则是表示德行的。二者性质不同，用途也不大一样。一般说来，古时候，名是阶段性的称呼，小时候称小名，大了叫大名。等有了字，名就成了应该避讳的东西，相称时也只能称字而不称名。

名与字在多数情况下共同构成一个人的代号，尽管用途不尽相同，二者之间还是有联系的。古人大多因名取字，名与字内容毫不相干的情况几乎见不到。如三国时的名将张飞，字翼德，在这一名字中，“飞”是名，“翼德”则是对“飞”的解释，因为“飞”就是“翼之德”（翅膀扇动而造就的功德）。又如唐代大诗人白居易，字乐天，名与字之间也有联系，即“居易”是因，“乐天”是果，只有居住安宁，才能知命而乐天。

古人的名有多种类型，字也有不同用途。古人取字非常简单，往往只取一字，与子伯仲甫等表示年龄阶段的字相连。如孔子弟子颜回字子渊，冉耕字伯牛，冉雍字仲弓。当然有些人取字时干脆只用一字，不加别的字词，如陈胜字涉，项羽字籍等即是如此。东汉以后，人名取字才越来越讲究，情况也越来越复杂。人们在有了名以后，往往把取字看得很重要。有些人在取字时注重效法古人，取字“士则”“思贤”“师亮”等；有些人则寄托对当事人的厚望，取字“温叟”（长寿不夭）、“永全”（永远安全）等。这些，无不含有深刻的意义。

古人除有名、字外，又多取号以代替名字。号是一种固定的别名，又称“别号”。

早在周朝时，人们就已经开始取号。对此，《周礼》解释说，号为“尊其名更为美称焉”，意思是说，号是人在名、字之外的尊称和美称。早期的号具有这一特点，有号的人多是那些圣贤雅士。如老子别号广成子，范蠡别号鸱夷子皮等。先秦时期有名字又有号的人并不太多，至秦汉魏晋南北朝时，取号的人仍不是很多，名载史籍者仅有陶潜别名五柳先生、葛洪别号抱朴子等数人。

但是，到了隋唐时期，伴随着封建国家的强盛和文化的高度发达，在名、字之外另取别号的人也逐渐多了起来。如李白号青莲居士、杜甫号少陵野老、白居易号香山居士，皆属此类。

到了宋代，取号之风又有进一步的发展。人们熟知的《水浒传》108 将个个都有别号，正是代表着当时的社会风气。

明清人更把取号视为一种时髦，上至皇帝，下至一般黎民百姓，几乎人人有号。正如清人凌杨藻在《蠡勺编》一书中记载的那样，其时“闾布村垄，嵬人琐夫，不识字者莫不有号，兼之庸鄙狂怪，松兰泉石，一坐百犯；又兄‘山’弟则必‘水’，伯‘松’则仲必‘竹’，不犹大可笑也哉。近闻妇人亦有之，向见人称‘冰壶老掘’，乃嫠媪也”。甚至一些落草为寇的盗贼也有别号。如上述书中举了一个县官在审理一桩窃案时，责难犯人为自己开脱罪责，犯人突然说道：“守愚不敢。”县官不解其意，一问左右，才知道是犯人在自称别号。

在用字上，取号与取名、取字不同，大多不受字数多少的限制。从已知的历代别号来看，有两字号，也有三字、四字号，甚至还有10余字、20余字的别号。如清代画家郑板桥的别号就有12字，即“康熙秀才雍正举人乾隆进士”。

综上可知，我国古人的称谓远比现代人复杂，他们有姓、名又有字、号。这种姓、名、字、号的并存，既适应了当事人不同年龄阶段和不同情况下的需要，也为中国的姓名文化增添了新的内容。

4. 关于人名的其他常识

通过对人名意义、属性和古人名字特点的了解，我们基本上对中国名字有了个大概了解。但在日常生活中，我们仍然会遇到不少像小名、诨号及笔名的情形。

首先是“小名”。小名是人在少儿时所用的名字，又称乳名、奶名、幼名或小字。我国取小名的习惯起源很早。在西周时期，人们都是在出生后不久即取名，其目的只求能与别人区分开来，而不大讲究名字是否典雅。如周公之子名禽，孔子之子名鲁人，魏公子名虮虱，汉代司马相如名犬子。从这些名字可以看出，古人取小名时带有很大的随意性。由于小名一般只在家庭内部使用，所以，不仅古人不重视，而且现代人也仍然很随意。如“小毛”“小狗”“小花”“小囡”等一些似乎登不得大雅之堂的名字，在目前城乡各地的学龄前儿童中仍有使用。

在取正式名字前取个小名，古今都有这一习惯。在古代，上至帝王将相下至黎民百姓，人人都有小名。如魏武帝曹操小名阿瞒，南朝宋武帝刘裕小名寄奴，北朝魏太武帝拓跋焘小名狒狸伐，北周文帝宇文泰小名黑獭，宋孝宗赵昚小名小羊，明太祖朱元璋小名重八。上述这些，无不都是称孤道寡的帝王。至于一些圣贤名宦，也都有小名。孔子小名丘，王献之小名官奴，陶渊明小名溪狗，谢灵运小名客儿，王安石小名獾郎。男人如此，女子也不例外。如汉武帝皇后小名阿娇，唐寿昌公主小名虫娘，明代女画家马月娇小名元儿，等等。

现代人取小名，情况更加普遍。尽管小名对人的作用和影响不及正式的名字及字、号，由于从古至今人人都有，因此，也是一种不容忽视的文化现象。

再者是“诨号”。诨号又称浑名、绰号、混名、花名、野名、外号、徽号、雅号，是在姓、名、字、号、小名之外的又一种称谓。这种称谓一般是由别人根据当事人的外貌、性格、特长、嗜好、生理特征、特殊经历等特点而取的，大多带有戏谑、幽默、讽刺等色彩。如我国夏朝最后一位国王夏桀因为力大无穷，能把牺牲（作祭品用的牲畜）推动，因此人送诨号“移大牺”。据研究，夏桀的诨号也是我国有史可考的第一个诨号。

诨号所用的词语大都通俗易懂，便于记忆，所以大多流传较广，其影响力甚至可以超过原来的名字。如东汉末年农民起义中，有一批出色的农民英雄，作战时勇猛顽强，平日里与队友们亲密无间，彼此都以诨号相称。其中说话声音大的被称为雷公；走路轻捷的被称为飞燕；眼睛大的被称为大目；姓张的英雄爱骑白马，被人称为张白骑；姓于的英雄满脸胡须，被称为于氏根。由于他们的诨号影响很大，以至连名字也没有留下，至今我们也不知道他们的真名是什么。

为别人起诨号，并且通过诨号反映某人的某些特征，或者表达起名者的某种情感，这种理象在我国很早就有，上述把夏桀称为“移大牺”便是一例。综合研究这些诨号，可以知道它们有时是一个群体的标志，如西汉末年的农民军因涂红眉毛而被称为“赤眉军”，明清时期对荷兰殖民者的称呼，因红头发而被称为“红毛番”等；有些诨号指某一行业，把茶楼伙计称为博士，把替青年男女牵线搭桥的称为媒婆、红娘等；有些诨号指某些人的行为或性格，如称圆滑的人是水晶球，懒惰或蛮横的人为三不管（懒惰的人，衣、食、住不管；蛮横的人，天、地、人不管）。

从我国古代浩如烟海的典籍中，可以发现许多关于古人诨号的记载，其中大多数诨号都充满睿智和幽默色彩。如《三国演义》中，诸葛亮因早年隐居不仕而被称为“卧龙先生”，刘备也因为两只耳朵出奇的大而被曹操称为“大耳儿”。又如三国孙吴时有一对夫妻，感情极好，出双入对，被人称为“比肩人”。后来，他们的儿子和儿媳也是如此，又被称为“小比肩人”。唐朝武则天时，有一个名为张元一的人，喜欢给社会名流起诨号。如他因苏微举止轻薄，便取诨号为“失孔老鼠”，意思是不着窝的老鼠。他本人肚大腿短，也被人取了个“逆水蛤蟆”的诨号。又如《水浒传》中，蒋忠因身高大力而被取诨号为“蒋门神”，鲁智深因出家后不戒烟酒被称为“花和尚”，时迁的偷窃技术高超被称“鼓上蚤”，孙二娘因蛮悍凶狠被称“母夜叉”。

此外，我国古代还有一些充满幽默的诨号，如汉代贾逵身高出众，人称“贾长头”；隋朝韩俊娥专门为隋炀帝催眠，人称“来梦儿”；唐朝李程常在日过八砖（日影投在砖上的位置，计时用，约在八九点钟）时上朝，人称“八砖学士”；卢怀慎身为宰相而事事推于另一位宰相姚崇，人称“伴食宰相”；唐朝宰相白敏中的夫人在白敏中富贵以后才嫁过来，人称“接脚夫人”；宋仁宗幼年时常赤脚在宫中行走，人称“赤脚大仙”；蜀州知州孙道夫遇事精明，人称“水晶灯笼”；谏议大夫赵需曾上书建议禁养鹅鸭，人称“鹅鸭谏议”；欧阳修作《五代史》常用“呜呼”二字，人称“欧呜呼”；明朝弘光皇帝在亡国时仍下令捕捉蛤蟆治病，时称“蛤蟆天子”；清朝一位做糕饼的出钱买了个员外官，时称“花糕员外”。上述这些诨号，仔细回味起来，都是很有情趣的。

到了近现代，为别人取诨号、叫别人诨号的风气依然盛行，在此就不一一列举了。诨号对人有褒贬作用，不同诨号对被取诨号的人来说，所采取的态度和产生的作用是不一样的。一般说来，一个贬义的诨号可能使当事人感到难堪，甚至引起不愉快或十分严重的后果。古代一位名为郭倪的将军常自称“卧龙”，但带兵打仗无一不败，甚至在人面前流眼泪，因此被人讥为“带汁诸葛”。这样的诨号对他来说，无疑要比“卧龙”难受得多。

另外，在现实生活中，如果我们把一位足智多谋的乡村学究奉承为“智多星”“赛诸葛”，他一定会高兴异常；如果叫他“狗头军师”“阴间秀才”，他显然会极不痛快。因此，奉劝那些爱给别人取诨号或者爱叫别人诨号的青年朋友，在生活中还是尽量称呼别人的姓名好。

还有一种较为盛行的便是“笔名”，笔名大多指作家等文化人在发表作品时不愿使用本名而另外所取的名字，又称著作名或假名（针对原名而言）。关于笔名的来源，一般认为它兴起于明清时期，是话本小说流行以后而出现的一种命名现象。当时作者所写的东西多属乡里民间流传的故事、村言，被一般文人士大夫认为登不得大雅之堂，为了避嫌，便取一个新名字来发表自己的作品。此后，由于这种取名形式的确有较大的实用性，便广为文化人所采用。

我国早期以笔名刊署于著作之上并产生广泛影响是的《金瓶梅》的作者。由于他在书上署名“兰陵笑笑生”，至今我们还不知他的真实姓名。相传他的父亲被当地的一位恶霸害死，而这位恶霸喜欢读书，在读书时又习惯用食指蘸取唾液翻动书页。为报父仇，他便写了《金瓶梅》一书，并在书页上涂上剧毒，想法让人送给恶霸。恶霸一见，果然爱不释手，连翻带看，最后终于中毒身亡。这则故事虽然有些离奇，但也可知作者没有在书籍上署自己的真实姓名，的确有他的苦衷。

当然，取笔名的原因是相当复杂的。特别是到了清代以后，由于满族统治者大兴文字狱，一些文人士大夫想著文表达对现状的不满而又要保全自己，因此也在自己的作品上署上笔名。

清乾隆年间流行的《豆棚闲话》署名“圣水艾衲居士编”，清末《老残游记》署名“洪都百炼生撰”，《邻女语》题“忧患余生著”，等等，无不属于这种情况。到了近现代，由于出版事业的发展，特别是在五四运动以后，提倡“一人一名”，立表字、起别名的传统习惯被禁止，文人取笔名之风也异军突起。如果考察一下中国现代文坛，绝大多数作家都曾使用过笔名。其中，一些最知名的人物，如郭沫若用过30个笔名，茅盾取过90多个笔名，鲁迅的笔名更多达140多个。由于笔名常见于报刊书籍之上，人们经常接触的是书报而不是作者本人，因此就使作者的笔名产生广泛影响，其真正的名字反而鲜为人知。诸如此类的例子还可以举出许多，如提起巴金、茅盾、曹禺、鲁迅、老舍、郭沫若、金庸等名字几乎无人不知，但要提起李尧棠、沈德鸿、万家宝、周树人、舒庆春、郭开贞、查良镛等名字，也许知道的人并不多。其实，后面这些名字正是前面那些人的原名，只是他们都是用笔名闻名于世的。

笔名不仅具有可以隐身、使用起来灵活便捷的特性，在取法和形式上也多种多样。有些笔名为了纪念某件事情或为了怀念故土而取的，如近代著名文学家许地山对幼年时父亲所讲的落花生印象深刻，后来便以“落花生”为笔名；郭沫若原名郭开贞，出生在沫水、若水流域（即今四川乐山境内的大渡河和雅砻江），为纪念故土，便以“郭沫若”为笔名发表作品。

此外，有些笔名是在原名的基础上略加变化而来的，如现代文学家陈荒煤原名陈光美，“陈荒煤”是他根据原名的谐音而取的笔名；另一位文学家吴晗原名吴春晗，“吴晗”是他把原名省略一字而来的笔名；宋漱流原名刘绶松，“宋漱流”是他把原名颠倒过来并进行谐音的笔名；曹禺原名万家宝，“曹禺”是他把原来姓名中的“万”（繁体作“萬”）字拆开来并加以谐音而来的。

五、名字的文化意义

一个好名，或可为您塑造一个雄才大略、气宇轩昂的政治家形象；或可为您塑造一个精明能干、足智多谋的商业巨子形象；或可为您塑造一个出类拔萃、才华横溢的艺术名人形象；或可为您塑造一个造诣颇深、德高望重的学者英才形象……

1. 名正是金，好名远扬

名字从它产生的那一天起，就已经显示了强大的生命力。名字不仅仅是区别彼此的符号，它还反映着起名人的文化修养。

《红楼梦》中贾宝玉有个丫鬟名叫袭人，书中说：“这袭人亦是贾母之婢，本名珍珠。贾母因溺爱宝玉，生恐宝玉之婢无竭力尽忠之人，素喜袭人心地善良，克尽职任，遂与了宝玉。宝玉因知她本姓花，又曾见旧人诗句上有‘花气袭人’之句，遂回明贾母，更名袭人。”

花袭人原名叫花珍珠，“袭人”与“珍珠”所指是同一个婢女，也就是说，这两个名字的指称意义并无区别；叫“珍珠”时是婢女，改叫“袭人”时仍是婢女，名字的改变并非由于其人在社会系统中的类别发生了改变，因此，这两个名字的结构意义也没有改变；但“珍珠”是贾母的婢女，“袭人”则是宝玉的婢女，“珍珠”是贪图富贵的俗老太太给婢女取的名字，而“袭人”则是怜香惜玉的多情公子给她取的名字，两个名字所指的虽然是同一个人，但却体现了起名者不同的文化修养、人生旨趣、审美品位和情感态度。名之为“珍珠”，表明命名者贾母将婢女视为如金钱财富一样，“珍珠”是她可任意支配、取予的所有物；而名之为“袭人”，则表明命名者贾宝玉是以一种审美者的态度来待袭人，美丽的女孩子是一朵花，花气袭人，令人陶醉，纯真的女孩子是一泓清水，疏润人的灵魂，使人净化。可见，起名字，这本身就是一种文化行为。

我们身由父母给，名由父母赐。父母给子女起名时，已经传达了上代人的文化心理、文化选择、文化理想及人文精神等。我们中国人长期采用拿家谱来排字辈起名，这不仅浸透着父辈的文化心理，而且体现了列祖列宗对子孙后代的希望与期待。

例如，今湖南省某地的钱姓家族字辈谱是：“……善常作厚，伦呈英敦，瑞雄康书，治通正兴。……”

这些字反映了制定字辈谱的祖先对子孙后代的愿望与期待，具有浓厚的宗族观念与传统文化色彩。代与代之间的血缘亲和关系与承先启后，敬宗家族的理想和梦幻，这样就通过命名，一代代地延续了下来。

传统的中国社会是个道德至上的社会，任何个人的言论或行为都严格受到道德价值的约束，中国传统文化的价值系统，正是以道德价值为核心，由此向外衍射、影响并扩大所有的价值活动。而名字作为一种个人标志，也常常渗透着浓厚的伦理道德观念，以美德命名，和取用先哲圣贤的名字，都是这种道德精神的突出反映。如此一来，起名作为一种文化行为，也就默默地延续在人们彼此的血缘关系命名的形式之中。

2. 姓名的暗示力

姓名本身也能给你一些暗示。姓名，它蕴涵了人的精、气、神；它传承了人的情、意、志。名乃是心理学、社会学、哲学、历史、民俗学精髓的综合成果，是一个人形象、素质、品位的标志。一个符合自己的好名，能给您以暗示和引导。

姓名的暗示力在人类交往、交流中潜移默化地影响着人类；姓名的暗示诱导力足以支配人生的命运。的确如此，一个好的姓名会不知不觉地增强其所有者的自信心，由于自信的增加，其运气、机遇也就多了。一个不好的姓名，它的暗示力往往会使其所有者不知不觉地陷入迷茫、困惑、自卑、慵懒的境遇之中，使其垂头丧气，缺乏毅力及自信心。我们强调立身处世、行为品性的重要，并不等于否定名字的意义。这就好比说鸡鸭肉寓有营养，不等于就否定青菜萝卜没有益处。我们不能因为强调行之重要而否定名之意义。

名字是符号标志不假，但又是一种民族文化现象。人类对于自身形象的专门符号——名字的使用，总是越来越趋向文饰、高雅、优美，社会越发展，文明程度越高，名字也就越讲究。

从总体上说，大至一个民族，小至每一个人，其名字的高雅、粗俗状况如何，总是与他们的社会生活、文明程度、审美理想、价值观念、人生追求联系在一起的。

试想一下，假如我们今天的人名还停留在以甲乙丙丁、盘庚武乙之类起名的殷商时代，或停留在以“重耳”（晋文公名重耳）、“黑臀”（鲁成公名黑臀）起名的春秋战国时代，那又怎么能说明我们文化的进步与时代的发展呢？

当我们回顾历史时，首先映入眼帘的不正是那一个个光彩夺目、群星灿烂般闪耀在夜幕中的历史人物的名字吗？如屈原、张衡、司马迁、诸葛亮、王羲之、李白、杜甫、苏东坡、曹雪芹……

试想一下，如果这些代表着中华民族精英的历史人物，其姓名符号竟是孔阿狗、张二牛、屈发财、诸葛时宝、李胖娃、杜大炮、苏铁蛋、曹六，那成何体统？中华民族星光灿烂的历史文化也会因此而大扣折扣了。

3. 名字的民族文化特质

孔子曰："名不正则言不顺。"这句话包含着很深的意义。名字虽是一种符号，但这种符号却反映不同时代人们的精神面貌，终现了民族的文化精神特质。

中国文化本来有"名的文化"之说，主导中国思想几千年的儒家学说本有"名教"之称，因此，由于历史的传统和文化背景，中国人尤其重视自己的姓名。

远的不说，就说新中国成立以后，由于政治运动深刻地影响人们的生活，也影响了人们起名用字。小小的人名，就能鲜明地反映出波澜壮阔的时代风云。

1949 年新中国成立，可以说中国乃至世界历史上的一件翻天覆地的大事。而在此前后出生的人的名字就有其时代特色，如：建国、新国、开国、卫国、国庆、保国、国栋……

新中国成立，为中国人民敞开了对新生活的无限希望，体现在其名字上，如：和华、兴华、新生、志学、英杰……

有的名字更是直截了当，干脆就以"土改""分田""解放""公社"等为名，抗美援朝战争时期，则出现了诸如"抗美""援朝""胜美""卫国""朝胜"等名字。

1958 年"大跃进"时期，出现了如"跃进""铁""钢""公社""集体""超英""赶美""跃"等人名。

新中国成立初期全面学习苏联的政治、经济和文化，连苏联人姓名常用字的汉译字也受到中国人的青睐，苏联女性名字中的常用字如“娅利莎”常见于当时的中国知识界的女性名字中。苏联作家高尔基的“基”也出现于中国男性的名字用字中。

总之，名字不仅是称谓，而且有很深的文学内涵。名字是一个人安身立命的标志，一个人带着他的名字走向社会，周围的人最初正是通过他的名字来看待、对待他。名字是一个人被别人理解的“着眼点”，它甚至可以影响一个人一生的命运。一个美丽的名字，正如一首诗，会在一个人的周围洋溢出一片诗意，渲染出一片美丽的氛围。它不仅丰富了一个民族的语言，也点缀了人们的生活。

六、男女起名的不同习俗

男女有别，在姓名上也是一样的。

自古以来，重男轻女。男子的地位高于女子，男子出生来到这个世界，似乎比女人更受欢迎，更受宠爱。因此在中国的起名习俗中，绝大部分均是着眼于男子起名。前面所述各种起名习俗与方法，实际上也是以男子起名为主要内容的，甚至可以这样说，中国自古以来关于起名号字的研究，主要也是研究男子的名字，而很少顾及女子的名字的讲究。因此，这里我们把男女起名的不同习俗作为专门一节以示区别。

1. 男孩起名习俗

一般来说，起男名的一般习俗如下：

多用光宗耀祖之字：这方面的词语是男子起名选用最广、最常见的。例如：绍祖、继祖、孝先、敬先、广嗣、绍箕、显祖、亮祖、光宗、念祖、怡孙、悦孙等。

多用表示报国救民抱负的字，例如：建国、振国、兴国、爱民、民生等。多用表示志向心愿的字，例如：景贤、希孟、希周、博学、勇军等。

多用表示操守品德的字，例如：宗廉、德良、尚德、德福、德友等。多用表示安康长寿的字，例如：寿高、长生、长庚、康生、彭寿、延年、龟龄等名字。

多用表示做官发财的字，例如：富贵、有财、盛富等。多用表示威武博大的字，例如：山虎、大虎、山豹、于宇、万里、江山、高山、大海等。

多选用阳刚之字：其中，表示意志刚毅的如志坚、志刚、百坚等。表示力量巨大的，如铁牛、大力、如山、千钧、铁柱、劲松、浪舟、大春、石峰、浩天、浩然、石泉等。

2. 女孩起名的习俗

由于男女有别，姓名是根据各人不同的价值观、审美观而起出来的。因此，男人与女人的名字，在字音和字义的选择上，自古以来也有明显的差别。这些差别，当然首要的是由于男女自古以来在社会上长期处于显著不同的地位而造成的。一般来说，起女名的习俗如下：

多用女性字：这是最基本的一法。古代的女人名，女娲是第一个以女性字出现的，黄帝妃嫘祖，高辛氏妃娥，后人都一律也加上女旁。这是对性别最简单的注释。

女性字最本分的是称娘，也很普遍，与男子称郎相对。如杜十娘、李秋娘。次之用得多的称女，如刘黑女、王玉女。再次之就是称姑姨姐妹，如梅姑、宠姐、杨八姐、杜十姨。还有用女性的自谦，称奴称儿的，如玉奴、红儿。

另外，就是用高抬身份的字，称姬，如管仲姬；称妃，如娥妃；称媛，如黄媛介；称嫱，如王嫱。姬本是周姓，古代妇人没有名字，往往是姓为名，故姬姓出嫁女人一律称姬，因为她们出身高贵，演变为妇人美称，如虞姬、戚姬便不是称姓，而为虞美人、戚美人了。妃为帝妾王妻，也为匹偶，嫱为宫嫔，以妃嫱为名的总带贵妇气氛，媛也是女人美称。

多用形容女性仪态的字，形容姿色的名字，如：静蝉、慧娟、玉姣、月好、芳娉、淑婷、芳姿、妙常、玉嫩。形容神态的名字，如：风娇、静婉、碧娴等。现代带点洋味的女名，如：夏娃、栗妲、美妮、丽娜等，也颇广泛适用。

多用花鸟字：这类花草方面的字范围甚广，但必须选择象征柔美的那些花草的字，例如，春草、湘兰、荃君、香梅、春桃、馨莉、薇等。鸟之方面的字的名字，有鸣凤、彩凤、春莺、飞燕、惊鸿、秋雁、紫鹃等。

多用珍宝字：在古代，珍异的金银玉宝玩，这是女儿家的命脉。因此，许多人便以此为女人起名。例如：婉珍、秀宝、佩金、银凤、瑶芳、如芸、美璎、璧君等。

多用彩艳字：这类名字如曼艳、新秀、黛美、多丽、碧情、赤缨、玉青、黄绮等。多用柔景字：这类女性名字如：秋湄、凌波、彩云、微霞、丽雯、冰心、菊霜、春梅、夏莲、秋菊、冬英等。

多用柔情字：这类女性名字如：宠姐、爱偕、惠娟、喜娇、怡红等。多用女德字：这类女性名字如：贞秀、淑仪、玉端、丽庄、娴倩、静玉、慧心等。

选用男性字：这类女性名字的特色是字面用男性字，希望下一胎来男，这是父母望男心切的寄托。例如：亚男、次男、亦男、胜男、来弟、招弟、宜男等。

七、趣谈百家姓

中国姓氏较多，但大姓人口集中。《百家姓》十分有名，对其大致情况每个人都应该了解，当然对现代人的“百家姓”的了解也应该如此。

1."百家姓"的由来

宋代的《百家姓》，是家喻户晓的，它是古代一本流传极广的儿童启蒙读物。该书以"百家"为名，其实不止收录一百个姓，"百家"是泛指多数的意思。现在我们看到的《百家姓》一共收录了438个姓，其中单姓408个，复姓30个。

在中华民族这一大家族中，姓氏何止438个，仅仅汉姓也不止这个数。据说，见之于文献的姓氏，可达5600个之多。这其中不仅有单姓、复姓，还有三字姓、四字姓和五字姓。此外，有的民族有名无姓，比如傣族。

《百家姓》以"赵"姓打头，并非因为"赵"为天下第一大姓，而是因为它是宋代钱唐儒生所作。宋代的皇帝是赵氏，"赵"自然成为"天下第一姓"；不排在首位，就有"欺君之罪"，会引祸上身。又宋时吴越王的后裔居浙江，所以，"钱"姓便排列第二；钱的妃子姓孙，借钱氏之威势，"孙"又排列第三，"李"姓排在第四，大约是因为南唐皇族为李氏之故吧。

2."百家姓"的渊源分类

"百家姓"并非胡乱拼凑收集的一些姓氏集合，它是集合各种姓氏的渊源和当朝的需要而编纂的。其中，各姓氏的渊源大体可以分为以下几种：

（1）以祖先的图腾崇拜为姓氏

有些专家、学者认为，我国的百家姓，有些是由图腾演变而来的，如：熊、马、牛、羊、龙、风、山、水、花、叶等。但可惜这只是一些推测。由于年代久远，史前无据可考，到底哪些姓氏源于图腾崇拜，已不得而知。因为当今的“熊”“马”“牛”“龙”“花”等姓氏，于史书及传说中均可查出源出，但与图腾并没有什么联系。黄帝与蚩尤大战于涿鹿之野，曾率领“熊”“罴”“貔”“虎”等。这些“熊”“罴”“貔”“虎”等可能就是图腾氏族的名号。但这些氏族的名字究竟有哪些传递下来，成为其后裔的姓氏，也已难寻蛛丝马迹。有案可查的是“姜”。

姜（jiang）：相传炎帝（神农氏）是少典之子，因生长在姜水（渭河支流）之滨，得姓为“姜”。又姜（jiang）和羌（qiang）虽同韵而不同声，但音特别相近，且两字都有“羊”字头。一个从羊从女，一个从羊从人。上古时代晚期，羌族居住在我国的北部，其部族或氏族的图腾可能是羊。而羌族则是姜族的一支，或许因为语音的误差而化“羌”为“姜”，或许是母系氏族的母权影响，羊下之“人”，化作了羊下之“女”。炎帝以“姜”为姓。不是偶然，炎帝恰恰是占羌族支系氏族部落的首领。以炎帝、黄帝为首的原居于陕甘青一带的古羌氏部的一支，在东进中原的过程中，与东夷等部族融合，成为汉族的前身华夏族。

（2）以祖先名字中的字为姓氏

廉：颛顼的曾孙名廉，其后人以祖字中的廉为姓氏。

乐：出于子姓。宋戴公的儿子公子衎字乐父，其后人以祖上乐父中的字为姓。

年（nian）：春秋时，周灵王有子叫王子年夫（年夫应是其名，王子则表明其身份的，如公子、公孙），年夫的后人以其名中的年字为姓氏。

皮：周有大夫樊仲皮，其后人以其祖上名字中的皮字为姓氏。

高：出于姜姓。齐文公有子公子高，其后人以公子高中的高字为姓氏。

牛：春秋时，宋国国君微子有个后代任司寇的牛父，牛父之后以其中的字“牛”为姓氏。

鱼：系出子姓。春秋时，宋襄公的弟弟为“司马子鱼”（司马是官职，子鱼为其字）。其后人以其字中的“鱼”为姓氏。

牧：上古时代，黄帝以“力牧”为相，力牧的后人以其字“牧”为姓氏。

常：上古时，黄帝曾以常先为相，常先的后人以其字常为姓氏。

孔：出于子姓。周武王封商微子于宋，微子死后由其弟仲衍继承封地。之后有弗父何，弗父何的玄孙名嘉，字孔父。孔父的儿子木金父以父字中的孔为姓氏，在鲁国定居。

井：春秋时，虞国有大夫井伯，井伯之后以其字“井”为姓氏。晋灭虞国之后，井伯的后代井奚逃入秦国，秦穆公以井奚为大夫，封邑于“百里”，井奚便号“百里奚”，百里奚之后依旧以“井”为姓氏。

（3）以封地名、住地和国名为姓氏

陈：周武王灭商之后，追封舜的后代妫满于陈（河南淮阳）。

妫满死后被谥为陈胡公，其后代便以陈为姓氏。

卫：出于姬姓。周文王封其子康叔于卫，建卫国，康叔子孙以国名为姓氏。

蒋：出于姬姓。周公旦的儿子伯龄被封于蒋（河南固始县东北蒋集），建蒋国，其后以国名为姓。

韩：出于姬姓。周武王的儿子受封于韩（山西河津市东北），后被晋国灭掉，桓叔的小儿万受封于韩，万的后代以韩为姓氏。

秦：出于嬴姓。伯益之后有嬴非子，非子擅养良马，周孝王以其育马之功封非子于秦谷（甘肃天水西南），为附庸国，嬴非子的孙子秦仲因功被升为诸侯。秦统一天下，建立秦朝，秦灭亡之后，其子孙以秦为姓氏。

许：出于姜姓，神农氏后裔。周武王封其苗裔文叔于许，建许国（河南许昌），其后以国名为姓氏。

吕：出于姜姓，神农氏后裔，伯夷在尧时任掌礼官，又辅佐大禹治水，因功受封，其后以国名为姓氏。

戚：春秋时，卫国大夫孙林父的封地为戚邑（河南濮阳县东冯东北），孔林父的子孙以戚为姓。

谢：周宣王封舅氏申伯于谢（河南唐河县南），申伯子孙中有一支以其封地为姓氏。

邹：春秋初期有邾娄图（山东邹县一带），战国时鲁穆公改邾娄国为邹国。后来邹国被楚阁所灭，其子孙中有一支以国号为姓氏。

柏：出于柏皇氏，柏皇氏中有柏招，为炎帝的师傅；又有柏同，为帝喾的师傅，其子孙受封于柏（河南舞阳县东南），其后以封地为姓氏。

赵：伯益后裔造父，擅驯马驾车，周穆王常乘坐造父所驾的车游巡各地，朝中有事，造父就以熟练的驾车技术及时将车马赶回，造父因驾车马有功，被周穆王封他于赵（山西洪洞县北赵城），其后人便以赵为姓氏。

吴：出于姬姓，周武王封仲雍的曾孙于吴（江苏苏州一带），建立吴国，其后代以国名为姓氏。

郑：出于姬姓。周宣王封母弟友（周厉王少子）于郑（陕西华县东），建郑国，友的后代以郑为氏。

章：出于姜姓，齐太公封其庶子于鄣（山东东平县东），受封于鄣的齐太公庶子的后代，去邑为章姓氏。

苏：颛顼后裔陆终的长子樊受封于昆吾，庶子后代受封于苏（河南温县西），其后以国名为姓氏。

潘：周文王的第十五个儿子名高，受封于毕（陕西西安和咸阳以北一带），称为毕公高，毕公高有庶子受封于潘，其后以封地为姓氏。

鲁：出于姬姓。周公旦的儿子伯禽受封于鲁（山东曲阜一带），建鲁国，伯禽的子孙以国名为姓。

苗：楚令尹斗之子贲皇亡命晋国，受封苗邑（河南济源市西南），贲皇又名苗贲皇，其后人以苗为姓氏。

任：出于有熊氏。黄帝的儿子禺阳受封于任，禺阳以任建国，其后以圈名为姓氏。

柳：春秋时鲁孝公有儿公子展，公子展的孙子无骇以祖父名为氏，称展无骇。展无骇的儿子叫展禽。展禽的封邑为柳（河南省濮阳县柳下屯）。他死后号为惠，所以又叫柳下惠。其后代取封地“柳下”第一个字为姓氏。

葛：出于嬴姓，颛顼之后，封于葛（河南宁陵县东北）。其后以封地为姓氏。

范：周宣王时有大夫杜伯被杀，其子杜隰逃到晋国，被任命为士师，传到曾孙士会为晋国上卿，食采于范邑（河南省东北部范县一带），后代遂为范氏。

彭：颛顼后裔陆终的第三个儿子受封于彭（江苏徐州），为大彭氏，后人以彭为姓氏。

西门：春秋时，齐国和郑国都有贵族大夫住在都城的西门附近，人称西门氏，有的后人便以西门为姓氏。

东门：出于姬姓，鲁庄公的儿子遂，字襄仲，家住曲阜城东门旁，人称东门襄仲，其后人以东门为姓氏。

东郭：出于姜姓。郭，为古代时人们在城的外围加筑的一道城墙，东郭，为外城的东墙附近，齐桓公的后裔中有住在临淄城东外一带的，被称为东郭大夫，后人便以东郭为姓氏。

（4）以职业或官职为姓氏

司马：上古时代所设官职，为军事长官，曾为官司马的人的后代，有的以此官为姓氏。

司徒：上古时代官名，传说尧、舜时已设，传到周朝，并列为尊贵的六卿之一，掌理邦教。汉哀帝时，改丞相为大司徒，与大司马、大司空并列为“三公”。有以此官职为姓的，便是复姓“司徒”。

司空：据说为上古时所设官职，专管天下水利土木工程建设，帝尧时大禹的官职就是司空。大禹的子孙中，有人以此为姓氏。

（5）以山名、河名为姓氏

乔：出于有熊氏。黄帝死后，葬于桥山（亦称子午山，在山西省黄陵县城北，沮水穿山而过，山如桥形，故名），黄帝的子孙中有守陵的人，就以陵山之名“桥”为姓氏，后人去木为“乔”。

姜：出于神农氏。炎帝神农氏居住在姜水（渭河支流）之滨，因此以河名为姓，春秋时代的齐、申、吕、许等封国都是姜姓。

（6）以部落的名称为姓氏

慕容：三国时，鲜卑族的一支以“慕容”为自己部落的名称。后慕容部落的人便以慕容为姓氏。

尉迟：尉迟部也是鲜卑族的一个部落，尉迟部的后人便以部落名为姓氏。

呼延：东晋时，匈奴呼延部进入中原，后来，其汉化后裔以原部落名称再加以“汉化”的“呼延”为姓氏。

万俟：出于妫姓，春秋时，陈厉公子陈完避祸外逃，不愿以国名为氏，改姓为“田”，明代燕王朱棣以讨黄子澄等为名起兵，推翻建义帝，黄子澄的后人因避祸而改姓田。

桂：出自姬氏。周王后裔姬季桢，曾任秦国博士。秦始皇焚书坑儒时，季桢被杀。季桢的弟弟季眭为避免受株连，便按照自己名字的读音（gui）将季桢的四个儿子分别改为“桂、香、炅、炔”

四姓，长子桂弈，居于幽州，守护祖墓，其余三自亦迁居各地。四姓字异而音同，为同源同宗。

（7）以谥号为姓氏

所谓“谥”为帝王、贵族、大臣等死后，依其生前事迹所给予的称号。

穆：出于子姓。春秋时有宋穆公，其后子孙中有以其谥号“穆”为姓氏。

文：一出姬姓，商末，周族首领季历死后，其子姬昌继位，后被尊为四伯，西伯患病死后，其子周武王继位，并完成灭商大业，建妒周朝。武王追谥其父为周文王，文王的支庶子孙中有以其谥号为姓的。一出妫姓。齐威王之孙田文，号孟尝君，孟尝君避乱到魏圈，死后谥号文子，其后人以其谥号“文”为姓氏。

（8）帝王赐姓氏

郑：出于姬姓。周厉王的小儿子友封于郑，其后人有的以国名为姓。明代太监马三保有功，被永乐帝赐姓为郑，马三保因此改姓换名为“郑和”。

刘：帝尧陶唐氏之后，受封于刘（河北省唐县），后裔因以为氏。他的裔孙刘累能驯化龙，被夏朝第十三帝孔甲赐为御龙氏。由于刘邦建立汉朝，所以刘姓成为中国的大姓。齐人娄敬在洛阳向刘邦献西都关中之策，高祖赐给他姓刘氏，因此他改名为刘敬；汉高祖因项伯家族有昔日相助之功，便赐项伯改姓为“刘”。

金：被尊为西方大帝的少昊，因五行中说的西方属金而称金天氏，其后人有以金为姓的。汉武帝时，匈奴休屠王之子归顺汉朝，汉武帝赐其姓金，取名金日碎。

（9）数量词、排行次序及天干地支为姓氏

万：出于姬姓。周文王的儿子毕公高有后叫毕万，毕万后代中有人以其祖先的名字中的“万”字为姓氏。

丙：又写作邴，春秋时，晋国大夫邴豫，受封于邴（山东成武县东），其后以邴（丙）为姓氏。

（10）少数民族改汉姓氏

元：春秋时，卫国大夫元亘之后以元为姓。另北魏孝文帝推行鲜卑族的汉化，令鲜卑族改穿汉服，改说汉话，并改换“拓跋氏”为“元氏”。

（11）部分少数民族的姓氏

满族有穆昆组织，产生于姓氏社会，是构成满族社会的基层血缘组织，穆昆由一个或数个家庭组成，同一穆昆中，只有一个姓氏；同宗的五个穆昆，则冠以几个汉姓。如乌雅氏的五具穆昆，分别以吴、穆、包、黄为姓氏；宁古塔氏的四个穆昆，以刘、宁为姓；喜塔喇氏的一支穆昆（居今新宾县永陵镇）以图为姓，居盛京的穆昆以祝为姓。

3. 现代人的“百家姓”

现在的“百家姓”的排序与以往的“百家姓”不同，它是按姓氏在全国人口中的比例排序的。据 1998 年的统计，当代“百家姓”

以姓氏在全国人口中比例的多少为序前80位：

李、王、张、刘、陈、杨、赵、黄、周、吴徐、孙、胡、朱、高、林、何、郭、马、罗梁、宋、郑、谢、韩、唐、冯、于、董、萧程、曹、丁、魏、薛、叶、阎、余、潘、杜戴、夏、钟、汪、田、任、姜、范、方、古姚、谭、廖、邹、熊、金、陆、郝、孔、白崔、康、毛、邱、秦、江、史、顾、侯、邵孟、龙、万、段、雷、钱、汤、尹、黎、易

跟旧时“百家姓”不同，再无所谓“赵、钱、孙、李”的局限，完全以人口数来排列的。前十位的姓，曾据“天下第一姓”的有：刘、陈、杨、李、赵。

八、名的种类

1. 爱而呼之——小名

天下父母无不钟爱自己的孩子，其表现之一便是给他（她）取一个亲昵的小名。小名，或叫乳名、奶名、小字，是父母为初生的孩子所起的名字，便于口头叫唤，具有强烈的感情色彩和民间习惯。小名是非正式的名字。不同的地域有不同的习俗和叫法。例如农村的孩子叫荣妹、脚盆、狗儿、香巴，城里的孩子叫娟娟、

娜娜、乔乔、倩倩。

有一个人，从小在乡下生活，家里人一直叫她“么妹”。以至于现在成了母亲，回到娘家仍被唤作“么妹”。一般来说，小名是孩提时期一个人用的名字，成人之后多弃之不用。不仅平头百姓如此。即便是古代的帝王将相、才子佳人，为人之初，也多曾有过难登大雅之堂的小名。雄才大略的魏武帝曹操，小名阿瞒。宋代词人辛弃疾有名句“斜阳草树，寻常巷陌，人道寄奴曾住”，句中的“寄奴”，即南朝宋武帝刘裕的小名。明太祖朱元璋，小名重八。风流倜傥的汉赋大家司马相如，小名犬子。

有“才绝、画绝、痴绝”之称的东晋画家顾恺之，小名虎头。东晋书法家王羲之，小名官奴。宋朝名相王安石，小名却叫粗鄙不堪的獾郎。女子也是同样，唐中宗最小的女儿安乐公主出生后，中宗十分怜爱，“解衣以褓之”，因而小名“裹儿”。

现代史上的一些著名人物，也多有小名：郭沫若因为母亲受胎时梦见被豹子咬住左手而惊醒，所以他的小名叫文豹。彭湃小名天泉，彭德怀小名真伢子。廖承志小时候长得胖乎乎，所以小名肥仔。阎锡山小名万喜子。

小名的主要特征之一是鄙俗粗野。马来西亚学者萧遥天说得好：“它的鄙俗粗野和绰号的鄙俗粗野味道不同，绰号多意在讽刺调侃，而小名则最难听处正洋溢着父母的真爱。”

同样体现父母之爱的，是反其意而用字，父母希望孩子聪明伶俐，却故意起名“傻蛋”“丑货”。如李大钊小名“憨头”，书画家林散之小名“五呆子”，便属此类。父母希望孩子英俊潇洒，却故意起名“丑货”“黑妞”，父母希望孩子荣华富贵，但又担心病痛灾祸养不大，就故意取一个“狗剩”“阿牛”“小石头”之类的“贱”名。

鲁迅有一则故事出自宋朝笔记小说《道山清话》，“道学先生”就是唐宋八大家之一的欧阳修，字永叔，自号醉翁、六一居士。他同韩愈一样，从来不信佛，可是他给自己的小儿子取的乳名却叫“和尚”。

有人感到不理解，便去问他：“你既然不信佛，为何又用‘和尚’做小儿子的乳名呢？”欧阳修回答说：“正因为我看不起佛学，所以才为小儿命名‘和尚’，正像人们看不起牛儿、狗儿，却以此命名自己的孩子一样。”

2. 个性特征——大名

大名，也叫训名、学名、谱名、本名，是孩子长大后取代小名而用的正式名字。

谱名即指族谱名。在旧时代，每个家族都要修谱，家族中生下一个孩子，便要取一个名字，写入族谱中。取谱名有一定的规矩，最重要的一条是按辈分用字。这就是所谓的“字辈”。一个谱名在结构上可以分为三部分：姓、字辈、名。正规的排法也是以姓+字辈+名为顺序排的，如康（姓）贻（字辈）勇（名），其弟名康（姓）贻（字辈）刚（名）。也有个别的把字辈放在最后，如高（姓）凌（名）志（字辈），其弟名高（姓）宏（名）志（字辈）。

因此，属于同一个家族的同辈人，在谱名上有两个字（即姓和字）是相同的。如毛泽东的弟弟毛泽民、毛泽建，都属“泽”字辈。

字辈谱的排列

一般每个家族都有一个字辈谱，这种字辈谱通常是一段诗文。如山东曲阜孔府的字辈谱排列为：希言公彦承宏闻贞尚衍兴毓传继广照宪庆繁祥令德惟垂佑钛绍念显扬。

如贵州普定一支康氏家族的字辈谱排列为：狮子庭文德大众登朝贻祖穆荣显庆世福永宏星道生崇本离强吉卫何来。

江西九江某地的吴姓家族字辈谱排列为：伦常呈瑞家敦厚做英雄孝友祯祥集熙康治理通书香延祖泽华耀正兴丰。

这种序列由家族的祖先预先排定，然后一辈一字，世代相传，后代不得随意更改，每一代人起名都按字辈规定起名，表达祖祖辈辈对子孙后代的期望。

许多人以谱名作为学名和本名，也有在谱名之外，另取学名或本名的。另起名有时是因为本人、家长或老师认为原来的谱名不合适而另取新名，也有的是根据命相学、五行命理的说法，缺水、缺木，因而改名加以补救的。鲁迅小说《故乡》中，就曾涉及用五行起名的方式。

因此，我们中国人，尤其是长年居住海外的华夏子孙更热衷于寻根问祖，他们往往就是依据家族谱和字辈谱来寻找自己的根脉。

3. 古代成人的正式称谓

古人的姓名字三者的关系

当今的中国人，习惯用一姓一名，但在古代，人们的姓名并不如此简单。一般情况下，除了姓和名之外，还有字、号等。

人们经常说的名字，在古代包括姓、名、字三部分。三者都有各自的作用和功能，是三个独立而又互相依存的整体。

古人刚出生不久就会起名，长大之后要取字，两者联合起来，通称为名字。关于二者的作用，《颜氏家训》中说："古者名以正体，字以表德。"意为，名是用来区分彼此的，字则是示德的。二者的性质不同，用途也不同。

古人的取字方法

取字始于西周初年，助周武王灭纣的姜尚（吕尚），传说他是姜姓部族族长，世称姜太公，字望；一说字子牙，他是第一个取字的名人。通常说来，古时候，名是阶段性的称呼，小时候称呼小名，长大后叫大名。古制中男子二十加冠、女子十五及笄时，表示已经长大成人，将要在社会上与人交往，所以就要在“名”之后，再加“字”。在周代，取字还与财产地位相关，取字是贵族家庭和知识分子阶层的事，穷困无着落、目不识丁的平民百姓对此是不关注的。

贵族男子字之前通常加“伯、仲、叔、季”表排行，字的后面加“父”“甫”表性别，并美其名，成为字的一个部分。如屈原的父亲伯庸，他的完整称呼是屈伯庸父，其中屈是姓氏，伯是排行，庸是字，父是男子的美称。还有如伯禽父、仲山甫、仲尼父等。

周代贵族女子的前面加姓，姓的前面加“孟（伯）仲、叔、季”表排行，字的后边加上“母”“女”表示性别，也成为字的一部分，如孟妊车母、中（仲）姞义母等。

古代普通人家的男女通常不用性别和排行取字，排行与性别都与地位和财产有关。

另外，有学问、有地位的人，通常在字的前后加上表敬称的“子”。例如春秋时期的政治家公孙侨，也叫公孙成子，是为郑国贵族，取字子产。

有了字。名便成为应该避讳的东西，相称时则只能称字而不能称名。简而言之，名是在家庭内叫的，字是供外人叫的，人际交往通常称呼字而不称呼名，称人之字就是敬其名。

多数情况下，名与字的组合，共同构成了一个人的代号，尽管用途各不相同。但二者之间还是存在一定联系的。古人大多因名取字，名与字内容丝毫不相干的情况几乎没有。

三国时期的蜀国名将张飞，字翼德，“飞”是名，“翼德”则是对“飞”的解释，因为“飞”就是“翼之德”（翅膀扇动而造就的功德）。

唐代著名诗人白居易，字乐天，名与字联系紧密，“居易”是因，“乐天”是果。只有居处平安宁静，才能知命而乐天。

有些人在取字时往往效仿古人，取字思诚、士则、思贤等；有些人取字则寄托对当事人的殷切期望，取字温叟（长寿不夭折）、永全等．无不具有深刻含义。

另外，还有些人按照自己的心愿随意取字，实际上是另取一名，有很强的随意性。例如北宋画家米芾的长子米友仁，人称“小米”，他的原名“伊”，小名叫“寅哥”，又名“鳌儿”。

北宋著名的诗人黄庭坚（米芾的好友）戏称米友仁为“虎儿”，还赠给他古印并诗：“我有元晖古印章……教字元晖继阿章（米芾的名）。”米友仁便摘取诗中之词，取字元晖。

取字起初属于贵族阶层的特权，后来逐渐扩展成为知识分子阶层的事，而一般的下层还不能享有这个权利，宋代曾经有明令，不允许下层社会之人取字。

到明清时期，平民百姓、官僚乡绅，三教九流等几乎人人有字。尽管一般平民取字会遭到文人、士大夫的讽刺，然而取字的习俗仍能得到普遍推广。

值得提出的是，秦汉时期，历史上的一些才女都有各自的字，诸如西汉王嫱字昭君；东汉班昭字惠班、蔡琰字文姬；唐代薛涛字洪度、鱼玄机字幼微；宋朝谢金莲字素秋等。

不过，有字的女性，只局限于贵族或上层女子。当女子到了谈婚论嫁的年龄，许配人家时，要把垂发挽在头顶，用笄别住，同时为她取字。这种礼制，在秦汉后期并没有继承下来。一般女性自幼到成年，就仅有一个小名，也叫闺名。

新中国成立以后，人们的诸多观念都在发生变化，字被看作是人名的“蛇足”，将取字视为一种迂腐的表现。于是，名字越来越简化，逐渐将字省去了。

4. 幽默与戏谑——绰号

绰号，又叫诨名，是社会交往中常见的语言现象。与人的正式名称相比，大部分绰号形象、幽默、戏谑，不失为生活的趣味添加剂。如以某人品性或生理特征为绰号，“竹竿”（意指高个子）、“麻子”等。如文学巨匠鲁迅所说，绰号是“传神的写意画”，“并不细画须眉，并不写上名字，不过寥寥几笔，而神情毕肖，只要见过被画者的人，一看就知道这是谁，夸张了这人的特长——不论优点或弱点，却更知道这是谁”。

《水浒》中的梁山好汉一百零八将，人人都有一个精彩的绰号："及时雨"宋江、"黑旋风"李逵、"花和尚"鲁智深、"玉麒麟"卢俊义、"神行太保"戴宗、"浪里白条"张顺、"霹雳火"秦明、"鼓上蚤"时迁、"一丈青"扈三娘……可以说，如果没有这些妇孺皆知的绰号，为民除害、替天行道的梁山好汉们绝不能在人们的心目中留下如此鲜活的印象，使人们有口皆碑、津津乐道。

《红楼梦》里的人物，也有传神的绰号。用兴儿的话说，寡妇奶奶绰号"大菩萨""第一个善德的人"。二姑娘绰号叫"二木头"，戳一针也不知道"哎呀"一声。三姑娘绰号是"玫瑰花"，"又红又香，无人不爱的，只是有刺戳手！"

时值当今，也有些人热衷于互相起"绰号"，其意义有褒有贬。如："大头""假姑娘""阿鼠""探长"等。

（1）依据才智取绰号

东晋的谢道韫是一位著名女诗人，她的父亲是安西将军谢奕，丈夫是书法家王羲之的儿子——王凝之。谢道韫自幼聪慧理智，享有才名。一个寒风凛冽的冬天，外面大雪飞扬。她的叔叔谢安（东晋大政治家）来到道韫家，望着满天的大雪，突然来了诗兴。

谢安手指着窗外的飞雪，欣然联句道："白雪纷纷何所以？"谢安的侄子胡儿（道韫的兄弟）在一旁答道："撒盐空中差可拟。"谢道韫略微思索一下，回答："未若柳絮因风起。"谢安听后，对谢道韫的才华不由伸出了大拇指。后来道韫因此而闻名，人们遂为她取绰号为“咏絮才”。

人们对才华出众的人用绰号相颂，同时，对缺德无才之徒也用绰号相讥。如唐朝奸相李林甫曾将“弄璋之庆”写为“弄獐之庆”，时人讥其为“弄獐宰相”。清朝太常博士张鼎在引用鸡肋典故时，误将“鸡肋”写成了“鸡肘”，他被人戏称为“鸡肘博士”。

（2）依据勇武取绰号

汉代名将李广英武善战，胆识超人，曾与匈奴作战70余次，屡立战功。匈奴人对他十分惧怕，将其誉为“汉之飞将军”，且“避之数岁”，不敢轻易动兵。

（3）依据行为取绰号

我国现代著名语言文字学家、大学者黄侃，在南京中央大学（金陵大学）任教时，曾结识庐偏隐，和校方订立了一个“下雨不来（不上班），降雪不来，刮风不来”的约定，因此人们将其称为“三不来教授”。

（4）依据生活取绰号

清代名吏于成龙是曾被康熙皇帝亲自接见并褒奖为“清官第一”的清官，他在江西府上去世时，身边没有一个亲属。将军都统使吏来到他的卧室，看见床头的破旧竹箱中，只有“绨袍一袭，靴带二事，堂前瓦瓮米数斛，盐豉数器”。

据史载，于成龙以兵部尚书总督江南、江西，在官“日食粗粝，佐以莱粑，年饥屑糠菜米为粥，举家食之”。因此“可留余米赈饥民也”。由于他每日只吃青菜，被老百姓称为“于青菜”。

因绰号一般是他人所取，因此，为别人取绰号，或庄或谐，或爱或恨，或褒或贬，都带有十分鲜明的感情色彩。

人们家喻户晓的宋朝清官包拯，刚正不阿，政绩显著。他执法严明，宽以待民，平冤狱，抑制豪强，清洁廉明，不畏皇亲贵戚、达官显贵。所谓“关节不到，有阎罗老包”。老百姓深切爱戴他，将其称为“包青天”。

（5）依据作品取绰号

南宋词人贺铸曾作《青玉案》词，内有句云“梅子黄时雨”，时人皆服其工，称之为“贺梅子”。

南宋词人张炎，曾做《解连环・孤雁》词一首，其中有“写不成书，只寄得相思一点”，因此被人们称为“张孤雁”。

现代画家丰子恺从事漫画创作时，常用青青垂柳和翩跹燕子衬底，因此朋友们特意赠送他一个“丰柳燕”的绰号。

取绰号不仅是中国人的爱好，在世界各国也广泛流行。从国家元首到普通庶民概莫能外。据相关资料显示，美国的历届总统几乎都有绰号，比如华盛顿叫“燕麦粥”，林肯叫“黑色圆珠笔”，威尔逊叫“坚果”，罗斯福叫“香烟壳”，杜鲁门叫“野虫鸡”，肯尼迪叫“太阳镜”，尼克松叫“酸葡萄酒”，卡特叫“菠菜罐头”。这些绰号都是根据他们的性格特征、生活习性及从政风格来取的。

绰号是彼此间的一种评价和认识，所以，取绰号时对人的认识要正确客观，评价要恰当公正。一个好的绰号，应该有积极和激励作用。

给人起绰号、对人称绰号，不仅需要有健康的心理、良好的动机，要看对象、讲感情。即便给人起的是谴责性的绰号，也不能伤人而使人内疚，以达到在笑声和戏谑中受教育的目的。

5. 文艺工作者之名——艺名

艺名指的是艺人在进行艺术活动时，由于某种原因而取的专用名字，用来表达自己的专长、意向、师承以及纪念某件对自己有重大影响的事情。

文艺工作者通常都有取艺名的习惯，正如著作者的笔名一样，往往他们的艺名被人们广泛接受，原名却被人遗忘。如粤剧著名演员邝健廉的艺名是“红线女”，电影表演艺术家杨成芳的艺名是“白杨”，京剧演员张英杰的艺名是“盖叫天”，评剧演员李再雯的艺名是“小白玉霜”。港台著名影视明星刘德华原名刘福荣，关之琳原名关家慧，成龙原名陈港生等。由于他们艺名使用场合多，深入人心，以至于很多人只知道他们的艺名，而不知道他们的原名。

（1）艺名的起源

艺名的起源很早。据历史所载，西汉时期，阳阿公主家中有一位能歌善舞的歌伎，她身体轻盈，生得闭月羞花之貌，原名赵官吏，汉成帝发现她后，就将其召进宫。

汉成帝见她步调轻盈、姿态优美，好像在空中翩翩起舞的燕子，故在本名之外，又赐其一个别名——赵飞燕，她或许是我国历史上最早拥有艺名的人了。

在古代，艺人大多有艺名，元朝有一位著名的女杂剧演员朱帘秀，在当时十分有名气。后来，她名字中的“秀”字便成为元朝女艺人起名的时尚。

各种艺名的来历尽皆不同，每个艺名几乎都有一个生动有趣的故事。清末有一位叫德克金的知县，平时不拘形迹，曾被一个姓汪的人讥笑。说他做不了官，只能演戏。后来他果然弃官不做，改行学戏。为了不忘当年姓汪的人讥笑自己，他便取艺名为“汪笑侬”，并根据这一艺名编戏演戏，最终自成一派，誉满上海。

当代人也有取艺名的。在电影、戏曲、电视、音乐等艺术界经常见到。如话剧演员杨淑贞艺名“杨枝露”，电影演员杨蒙艺名“夏梦”，电视节目主持人黄益腾艺名“阿原”等。

（2）取艺名的方式

通常来说，取艺名有以下六种方式：

承袭父辈美名。有一些为社会承认、为广大观众熟悉和敬佩的演员，其艺名多被子女袭用。如清朝著名京剧演员杨月楼，曾有“一般京调非偏爱，只为贪看杨月楼”之誉。其子继承父志，习父艺、借父名，故取艺名为“杨小楼”。

徒承师名。诸如绍剧演员陈金姑，因其师名为张艳秋，所以为她取艺名为小艳秋。

展示演员特长。诸如清朝时期河北梆子演员田际云，原名瑞麟，演花旦。表演时，嗓音醇厚圆润，行腔精美朴实。其嗓音响彻九霄，令观众心旷神怡，油然而生超俗之感，故取艺名为“响九霄”，又名“想九霄”。

用自己所扮的成名角色的名字作为艺名。诸如话剧演员康泰，原名刘秉璋，因在话剧《重庆二十四小时》中扮演一个叫康泰的角色而出名，后因“康泰”二字发音洪亮，易记易叫，遂正式定名为“康泰”。

表现聪颖早慧。诸如苏州弹词表演艺术家刘天韵，自幼师从夏莲生学弹词，10 岁开始登台，取艺名为“十龄童”。荆州花鼓演员李天保，因 13 岁时成功演出《站花墙》中的主角杨玉春而闻名，故取艺名为“十三红”。

由于受正名形式的影响，有些艺人的艺名也兴字辈，且排列有序。比如著名京剧文武老生叶春善开设的富连成科班，均使用按字辈排列的字名，其字辈分别是“喜”“富”“连”“盛”“世”“元”“韵”等，这就如同宗族辈分一般，每批学员按照次序使用其中的同一个字取艺名，诸如“富”字辈的有马富禄、谭富英等，“连”字辈的有刘连荣、马连良等，“盛”字辈的还有高盛麟、叶盛兰等。

到了近现代之后，文化艺术事业欣欣向荣的发展，演员的社会地位有了很大的提高。于是他们纷纷为自己取了艺名。

艺术家的事业是美好的，他们的表演能带给人美好的享受，他们的艺名也会给人带来愉悦。毋庸置疑，艺名是中国人名文化苑林中的一朵奇葩。

6. 著作者——笔名

笔名，顾名思义即用笔时的署名，也可以说是著作者在发表作品时不愿使用本名而另外所取的别名。所以，笔名又可以称为著作名或假名。

（1）著名作家笔名的来历

作家们常给自己取一个笔名，如马宁，原名黄震村。他从马克思和列宁的名字中各取一字组成笔名。

鲁迅的本名是周树人，笔名“鲁迅”。“茅盾”是笔名，本名是沈德鸿，字雁冰。“巴金”也是笔名，本名李尧棠。

著名女作家三毛，原名陈平。她自幼喜爱张乐平先生笔下《三毛流浪记》中的主人公三毛，于是便以“三毛”为笔名。

（2）笔名的作用及起笔名的原因

关于笔名的作用，文学巨匠鲁迅先生曾说：“以真名招一种无聊的麻烦。固然不值得，但若假名太近乎滑稽，则足以减轻论文的重量，所以也不很好。”所以说，文化人对于笔名，基本上都是慎重地去选取命名的。取笔名的原因可以说是相当复杂的。

特别是到了清代以后，由于统治者大兴文字狱，一些文人、士大夫想著文表达对现状的不满又想保全自己，因此便在自己的作品上署笔名。后来，由于这种起名形式有极大的实用性，就随着书刊印行的不断进步而广为文化人采用了。

九、姓名与人生密切相关

凡人必有姓和名。姓名是代表人的符号，从广义信息论的角度来说，各种符号都有其内在的含义，包含它所代表的实体。人的姓名除了代表这个人，是否还与这个人的人生及其性格、健康状况甚至命运有关系呢？

名为实之宝

古代贤哲尹文子说过：形以定名，名以定事，事以验名。这就是说，观察辨别事物、人物，必先定名而后才可以成事。而事物的成败得实，又可以验其名。

古代还有一句名言：有其名必有其实，名为实之宝也。意思是：符号一定代表了某一事物，有事物就会产生代表它的符号，即名字；反之，从符号或名字也可以了解该事物的内容及特征，即所谓“名附于实则见其义”，《说文》一书中，训义“名”为“命”，“名自命也”，这里说得更明白，姓名代表生命。由此可见，自古以来，人们就认为人的姓名与其人生命运休戚相关。

十、名字对宝宝人生的推动

1. 好名伴一生

好名伴一生，好名畅行天下。卓越的时代人物，无不是顶着自己响亮的名字纵横天下，向着自己确立的宏伟目标大步流星走去。

声名赫赫的朱德总司令，他一生中在方方面面上表现出的优秀人品，是对“名如其人”的最好验证。美国记者斯诺先生在《西行漫记》中谈到朱德时写道：“这个名字很贴切，因为这个名字在文字上的奇异巧合。”在中文中正好是“红色的品德”的意思。确切地讲，在汉语中“朱”又当赤、红来解释，“德”意即品德。朱德处处以党和人民的利益为重，一生艰苦奋斗，忠于党、忠于人民，为共产主义事业奋斗了一生，他待人诚恳，功勋卓著，真正体现了“红色的品德”。

朱德——“红色的品德”，告诉我们起名是很有讲究的，因为汉字具有非常丰富的含义，一个字在不同的地方将表示不同的意思。如果把“德”字放在其他姓的后面组成姓名，相信效果会与之相差甚远。

比如被毛泽东同志誉为“群众领袖，民族英雄”的刘志丹将军。

他因忧国忧民的爱国热情和不屈不挠的革命斗志而仰慕宋朝名将文天祥和他的名句——人生自古谁无死，留取丹心照汗青，最后为自己改名“刘志丹”。

1936年，他在指挥一次战斗时，被一颗子弹击中心脏，就这样，年仅33岁的刘志丹用实际行动为姓名的含义做了一个更加圆满的诠释，一片丹心永远地留在中国人民的心中。

由此可见，人名文化体现的是丰富的中国传统文化。由于汉字在表意、象形、谐音、隐喻等方面的广泛性和深刻性，使得中国的汉字在传意、抒怀、寄情等方面有了丰富的空间，也使得中国人的名字更多了一些情趣、品位。

2. 名字折射一个人的志趣

一个名字体现起名者的文化修养，也能体现本人的精神面貌，更能影响一个人的追求和志趣方向。所以中国人的起名颇有学问，也就难怪中国人起名颇爱讲究、颇多想象、颇费周折。

中国无产阶级革命家张太雷早在1927年就牺牲在敌人的伏击之中，但是他的英名至今还被世人传诵。张太雷的名字的意思是他要将自己对革命的一腔赤诚，化作滚滚风雷，振聋发聩，以唤起民众，表达了他誓与黑暗的旧社会战斗到底的决心。最终他以自己的鲜血和生命化作革命队伍中激荡的滚滚风雷，犹如黑暗中的闪电霹雳，令人警醒。

再如我们经常提到的彭德怀元帅，他的名字取“君子怀德，小人怀土”之意。他立志成为一位有道德并刚正不阿的君子。即使在“文化大革命”中受到迫害，他还满怀忧虑地想着农民的生产问题。

起名字的学问里体现的就是，一个姓名往往标志着本人的理想和目标，有了目标和理想才能把握好前进的方向。

爱国民主人士李公朴，青年时代受孙中山的影响，立志要做人民的公仆，而起“李公朴”谐音“公仆”为名。抗战时期，李公朴以当人民大众的公仆自励，热心致力于抗日救国运动和群众文化教育工作。1946 年 7 月 11 日，李公朴先生在昆明遇害。毛泽东、朱德从延安发来唁电：“先生尽瘁救国事业与进步文化事业，威武不屈，实为全国人民之损失，亦为先生不朽之光荣。”

李公朴先生遇害了，但他那愿做“人民的公仆”的伟大精神永远璀璨生辉。

以上所述这些名人和他们事业的发展情况，可以说明：一个好名字对人一生的影响是多么重要。那些响亮吉顺、寓意深刻而又新颖别致的名字，的确是带着灵气、带着光明、带着吉祥如意、带着开创未来的力量，促使这些人走完自己光芒四射的人生，完成他们那辉煌的事业，流芳百世，名垂青史。

如今人们要做生活的强者，要去主宰自己的命运，要实现建功立业的愿望，也先要有一个响当当的名字。有了这样的名字就能展现你的鸿鹄之志。那么，愿好名字与宝宝一生相伴，更愿宝宝的人生就像宝宝名字的寓意一样辉煌、幸福、健康、快乐！

十一、名字与宝宝的思想行为

寓意积极向上的姓名能催人向上，使人不遗余力地为实现自己的目标而奋斗。

1. 名字反映一个人的思想和行为

且不说这些名字富含多么神秘的色彩，就说姓名对人生命运的影响是绝不可忽视的，因为它直接影响和反映了人的思想和行为走向。

清代有一个知县名叫王寅，祖父给他起这个名字的意思是让他将来能飞黄腾达。因为这个“寅”字取十二生肖“虎”的意思，虎乃兽中之王，希望他成为人中之王。可是他不但没有成王、成侯，反而养成虎狼之性，在他所辖范围内到处搜刮民脂民膏，结果是怨声载道、民不聊生，皇帝南巡时被查，按大清吏律，发配新疆充军，从此，杳无音信。

因为一个好名字，能展示一幅美好的图画，使人无限向往，并为此做出不懈的努力。比如“泽东”“泽民”，这两个名字的含义即“润泽东方”“恩泽黎民百姓”，这种意思也必将成为他们人生的主要奋斗方向。

2. 闻其名而知其性

不管用什么样的方法，只要能为宝宝起一个朗朗上口，意义深远，好听、好看、好认又好写的名字，让一个好名字激励宝宝一生，让他成为一个有用于社会的人，我们便算是殊途同归，达到了最终的目的。

十二、当代宝宝起名现状调查

1. 家里长辈常常把给宝宝起名当作生活中的大事

东方民族血统类群的组织形式，使“承先启后”“继往开来”这种生活意识，不但成为中华民族特有的传统观念，也成为历代人们把希望寄托给后来人的祝福和意愿。

似乎世界上没有任何一个民族，能比我们民族的父祖更酷爱自己的子孙了。无论是多么冷酷的人，他对自己的宝宝都会敞开热烈真挚的情怀；无论是多么吝啬的人，他对自己的宝宝都会有慷慨无怨的付出。如果说“可怜天下父母心”是上古的国风，那么，为宝宝精心打造生活天地，就必然成为当今社会的时尚。

我们经常可以看到那些刚生下宝宝的家长，为了给宝宝起个好名而“四面烧香”“八方求教”的热闹繁忙的场面。有一个叫李明的工程技术人员，爱人生下宝宝后，夫妻俩为了给宝宝起个好名字一连商讨了多日，还查阅字典和有关书籍，费尽心机地起了一大堆名字，可是分析来分析去，都不太满意。最后，夫妻俩一合计，决定请“名人”给宝宝起名。于是，他们预备了一桌丰盛的酒席，在当地文化部门请来了三位学者给宝宝起名。

三位学者盛情难却，用过酒饭后就用心认真地思索起来。经过反复推敲和一番讨论，最后，三位学者“拍板定案”，决定宝宝叫李兴国，李明夫妻也觉得这名字响亮又吉顺，于是千恩万谢地送走了三位学者。

可是没过几天，问题来了：李明有一个大学的同窗学友，和他同姓也姓李，也是刚刚生下一个宝宝，李明闻讯后登门贺喜，问起宝宝起的是什么名字，对方回答说：“我费了九牛二虎之力，调动‘第六感官’才算给宝宝起了个又响亮又吉祥的名字，叫李兴国。”李明一听，脑袋“嗡”的一声涨得老大，回到家里把这事跟妻子一说，两人都犯起愁来。好不容易给宝宝起个好名，可偏偏和人家的宝宝重了名；不改吧，这将成为“历史”的大问题，改名字吧，夫妻俩还舍不得这个好名字，到底怎么办，他们可真的没了主意。

随着文明的推进，时代的进步，物质世界的不断丰富，精神需求的不断升华，当代家长对宝宝的身心与未来投以更多的关注。因此，那种注重“名分”的东方文明，又必然使当代家长把给宝宝起名看成是生活中的大事。

宝宝是家庭的重要组织成员，是千万个小朝廷的“宠臣”。从某种特定意义上来说，宝宝可以成为家长心灵的希望、精神的依托。因此，我们不应把家长这种生活意识说成是偏颇和狭隘，恰恰相反，由此更可看出我们家长对民族希望与未来的特定心理期望。

2. 对宝宝名字的“期望值”过高过热

给宝宝起名，本来应该参照有关《姓名学》一类的书籍和资料，再结合宝宝出生时的具体情况，恰如其分地给宝宝起一个既响亮又实际的名字。只有这样，宝宝的名字才有助于推动他（她）的人生。

但是，由于众多家长对宝宝名字的“期望值”过高过热，把起一个超乎寻常的“好名字”看成是万能的法宝，因此，在给宝宝起名时，往往无限夸大事实，无限增高宝宝的“自我价值”，就闹出许多不伦不类的笑话。

有一个姓齐的家长，为了给自己的宝宝起一个“又大又响亮”的名字，挖空心思想了半个多月，终于想出了一个“好名字”叫“大圣”，姓名合起来就是“齐大圣”，那意思是自己的宝宝像《西游记》里的“齐天大圣”一样，将来能量无限，鹏程万里。可是没想到别人听了都觉得好笑，说齐家生了一个“猴精”。

还有一个姓全的家长，给自己的宝宝起名叫“全世界”，他自己觉得这名字起得有广度、有力度，就向几位朋友自我夸耀一番。没想到朋友们听了这个名字后，立刻哄堂大笑起来。有人就取笑说：“你是‘全世界’的爸爸，能不能请我们到各国旅游一回？”弄得这位家长满脸通红说不出话。

诸如此类，如“航天”“五洋”“金星”“时代”“飞天”的夸张名字还很多，这些都反映出当代一些家长对宝宝名字“期望值”过高过热，必然使宝宝的名字产生“文字变态”的现象。可以想象，类似“大圣”“全世界”这样的名字，对于宝宝一生的心理和形象，会造成怎样负面的影响和精神负担呢？

3. 一味地“拿来”，失去特色

现在城市里有些家长对宝宝的起名有些怪癖，他们生活在中国，却想给宝宝取一个外国的名字，他们寄希望于宝宝将来能出国留学，名震世界，于是像“玛丽”“杰克”“汤姆”“索娅”“珍妮”之类的小名。有的说，外国人的名字真好听，叫起来很亲切，有些甜蜜、温馨、浪漫的感觉。

当然，我们并不一味反对中国人用外国人名，但从小就把外国人的名字放在宝宝身上，对培养宝宝的爱国主义精神不利，人为地割断了中华文化的渊源。中国文字浩如烟海，博大精深，单《康熙字典》就有6万多字，最常用的字也有3000多个，如果把字与字再去组合，不知有多少个组合，够几亿中国宝宝用了，为什么要抛开本国的优秀文化遗产，去用“舶来品”呢？名字是一个人的品牌，是品牌就有自己的特色、自己的优势，作为一个人的品牌的名字不能失去自己的特色。

4. 不懂宝宝起名原则，多犯禁忌

中国人口众多，出生率也在世界上高居前几位，对宝宝起名，有一些年轻夫妇，由于文化素养不高，不懂起名的技巧与方法，沿袭旧社会的落后习惯；或者采取简单易行的办法给宝宝起名，结果有意无意地造成宝宝的自卑心理，给宝宝的前程发展带来阴影。如有些地方，宝宝生下来并不正式起名，而是用动物名来取而代之，叫什么“小猫”“小狗”“猪崽”“狗崽”“牛乃”“马乃”之类，这些名字叫起来，对父母来说没有什么，倒有一种希望宝宝像自己圈养的动物一样依偎在自己身旁的亲切感，而对宝宝本人来说，却有一种如“猪狗”的感觉，特别是有些人年龄大了，还这么叫，真有不伦不类的感觉。朋友家有个亲戚，他已经结婚了，名字还叫“狗崽”，而他生了一个宝宝，又叫“小崽”。因此人们对他家开玩笑说：“你家真是的，有大狗崽，小狗崽，狗崽一堆。”他自己却说：“狗崽又怎么了，现在有些人还不如狗呢！”给人名以“狗”，殊不知这是犯了起名之大忌。

还有的家长由于自己遭遇不幸，身世飘零，怀才不遇，于是移情于自己的宝宝，将自己这种悲观凄切之感有意或无意地加在宝宝的名字上，如“白霜”“寒冰”“秋瑟”“孤竹”之类的名，从而给幼小心灵造成了孤独及灰暗的感觉。这种现象在部分贫困家庭存在，这种人并不是不懂起名技巧，而是自视清高，孤傲超群，殊不知也犯了起名的禁忌。

曾有一个失意的人，他在官场失意，在文坛又不顺，终而忧郁自杀，他给宝宝起名为“愁人”，他的宝宝因为人生多难，自己心理阴暗，最后也投河自杀。如果他父亲给他留下一个好名字，向乐观、向上的一面引导他，自己不去自杀，他儿子一定会很坚强地活下去。你想一想，一“名”惊人，一“名”也可以“愁人”，可见起名在人心理上的影响有多大。

综上所述，当今中国社会，起名、改名已形成大热，起名、改名已走向市场化，但部分家长对宝宝期望值很高，攀高过热，相信命理，盲目迷信，崇洋媚外，还有的家长不懂起名技巧，多犯禁忌。这样，在起名、改名这个问题上，就形成了一个个误区。我们应该用一种正确的眼光来看待起名，为宝宝的明天奠定一个良好的基础。

第二章 好名伴一生

给宝宝取个好名字的思路

给宝宝取个好名字，就是送给他们一件珍贵礼物。起名的思路多种多样，最重要的一条是从自己的实际出发，取个独具特色的好名字。

一、乐感构思法

让名字具有音乐美感，如同金声玉振一般发出清脆悦耳的声音，给人以美的享受和回味。这在汉名现象中是并不乏见的。

姓名的音乐美感，主要表现在以下两方面：

1. 语义上的音乐美

一是语义上的音乐美，即词语描绘具有音乐性。

如：钟长鸣、杜金声、杨丁玲、刘水生、何秋声、罗振玉、山泉声、罗馨玉、李鸣笛、林风琴、李海鸣、瞿淙、丁声树、周鸣风、金剑啸、管松涛、杨鹤唳等。

2. 形式上的音乐美

二是形式上的音乐美，即语音铿锵，朗朗上口，读起来抑扬顿挫，轻松舒畅，如弹琴鼓瑟，令人赏心悦目。

如：丁文昌，声调为一二一，高、中、高，响亮又富有变化，并且具有回环的音节美。再如：王力生，二四一，中、低、高；王克勤：二四二，中、高、中。石宝源：二三二，中、低、中。刘志丹：二四一，中、低、高。张骏祥：一四二，高、低、中。李惠明：三四二，低、低、中。陈树湘：二四一，中、低、高。

张孝祥：一四二，高、低、中。白居易：二一四，中、高、低。还可以举出一些，如吉兆明、王高翔、何雄飞，等等。

这些姓名在语音上的共同点是：

①相邻的两个汉字声调各不相同，即声调在连线上是一条变化曲线，就像乐谱的音符一样不断地回环变化，“起名似文喜不平”，避免了平铺直叙，使姓名富有跳跃性，充满动感。

②相邻的两个汉字间音高的档次大都不同，从而造成声音的轻重变化，抑扬顿挫。

③大多数姓名的中间字取弱势音，最后一个汉字取较响亮的语音，这样不仅音节美，而且使所用的汉字，从语音到语义都似金声玉振之美，具有强烈的乐感。如：

宋美龄：四三二，低、低、高。宋，说它谐英文单词 Song（即：歌曲）当然是牵强之说，但此名的乐感效果确如振铃唱歌一般清脆美好。

林漱泉：二四二，静美的林子里飞出一股清泉，涤荡看山石，滋润着草木，泉声叮咚，引人驻足。

杨海声：二三一，杨树一片茫茫，大风过处，掀起海涛般的浪潮和滚雷似的声响，煞是壮观。

金玉鸣：一四二，金声清脆，玉声悠扬，金玉合鸣，荡人心脾。珠联璧合，可见一斑。

秦歌洪：二一二，像陕北甘肃一带的民歌，声音高亢、洪亮，歌词朴实，吐露真情，毫不做作，感人至深。

用“乐感构思法”起名，效果的确非凡。一个具有音乐美的姓名，犹如阴霾沉郁后的淋漓暴雨，乌云散去，阳光相随。空气干净了，大地新鲜了，听者的心胸也会从沉重的思绪中解放出来，体味到一种光明的快意。

音乐的这种“净化”作用，对于人的身心是很有益的，我们应当注意，在起名的艺术上加以充分运用。

二、推陈出新构思法

推陈出新，意思是剔除旧的创建新的，现在多用来指批判继承旧文化，创造新文化。毛泽东在《矛盾论》中说：“世界上总是这样以新的代替旧的，总是这样在新陈代谢、除旧布新中推陈出新的。”孙中山《上李鸿章书》中有云：“日稽考于古人之所已知，推求乎今人之所不逮，翻陈出新，开世人无垠之灵机。”

这里所说的“陈”，是陈旧、俗气、老化的意思。“推陈出新法”就是把那些原本陈旧、俗气，没有新意的名字翻出一层新意来，使之新颖、独特，效果便大为改观。

名字的推陈出新有两条渠道：

1. 形变义不变

即原有的语义基本不变，而更换新词语，使它以新的姿态出现。如：可将“秀英”改为簇华、焕缨、冠缨、挺华等。“英”“华”“缨”都是“花”的意思，而“簇”为了聚成团，有花团锦簇的意味。

“焕”为光明，光亮，有光彩四射的意味。“冠”为第一，有体面庄严的意味。“挺”为杰出，有挺拔俊秀的意味。

这几个字的表现力比“秀”字更强一些，有动感，也很形象，如此一改，令人耳目一新，犹如清风扑面，自然会受大家欢迎。

2. 义变音不变

即借音换义，音同义不同，翻出新的语义。如：将“秀英”改为“绣莺”或“岫影”。

苗绣莺：绿涛滚滚的禾苗上空，飞来两只嬉逐歌唱的黄莺，如刺绣一般美丽，禾苗因黄莺而生动，黄莺因禾苗而歌唱。画面上下辉映，碧中流金，更加生动活泼。

苗岫影（岫，山）：眼前禾苗碧绿，一片欣欣向荣的景象；背后山影秀丽，一派绰约多姿的美景。

“苗绣莺”和“苗岫影”这两个名字，较之“苗秀英”画面开阔，内涵更加深广、丰富，极具诗情画意，令人心驰神往，不胜憧憬。

推陈出新的这两种方法相比起来，前者较后者灵活，思维飞越的空间较广，想象力也可尽情发挥；后者只能在同音或近音的词语中进行挑选，局限性较大。如何择用，当视情况需要而定。

三、名字寄托对孩子的愿望

从孩子呱呱坠地时起，父母就承担起了培养孩子的义务。父母总是根据社会、时代、环境的特点，孩子的天赋，加之父母本身的职业、爱好、想法培养孩子。天下父母都希望自己的孩子走正道，务正业，练就一身好本领，能有所作为。古代世代为将者，希望自己的后辈从武；官宦之家，希望自己的后代为官；读书出身的，希望自己的后辈从文。

1. 名字寄托父母的期望

人人都不希望自己的子女落于人后，以免自己脸上无光，家族丢丑。这种想法，体现在取名方面自然也就很多，比如以下：

以“继”字为名，寓意“继往开来”，如：继昌、继源、永继、常继、继业、继仁。以“嗣”字为名，寓意“后代吉祥”，如：延嗣、繁嗣、盛嗣、旺嗣、福嗣、广嗣。

以“祖”字为名，寓意光宗耀祖，如：弘祖、振祖、祖辉、显祖、祖扬、兴祖以“绍”字为名，寓意“富贵绵长”，如：绍华、绍兴、绍业、绍元、绍庆、绍祺。

以“家”字为名，寓意“家和万事兴，家财两旺”，如：家骏、家绍、家鸿、家隆、家锦、家宝。

以“趋”字为名，寓意“追求、前进”，如：趋良、趋盛、趋强、趋光、趋欣、趋峰。以“奋”字为名，寓意“奋发图强”，如：奋勉、奋迅、韬奋、奋飞、奋达、奋扬。以“憧”字为名，寓意“满怀希望”，如：憧憬、憧屹、憧涵、憧明、憧艺。以“卓”字为名，寓意“卓尔不群，卓越”，如：卓凡、卓超、卓成、卓群、卓文、卓智。以“显”字为名，寓意“声名显达”，如：显达、显实、显传、显英。

以“德”字为名，寓意“功德圆满”，如：德明、德渊、希德、德兴、梦德、德裕。以“道”字为名，寓意“追求大道”，如：光道、道悟、道明、道宽、言道、申道。

以“正”字为名，寓意“正人君子”，如：君正、中正、本正、坦正、思正、正贤。以“伦”字为名，寓意“天伦、人伦”，如：博伦、宣伦、济伦、皓伦、培伦、胜伦。以“信”字为名，寓意“公信力，人无信不立”，如：守信、诚信、蔚信、礼信、奉信、挚信。

以“仁”字为名，寓意“仁义道德”，如：仁昌、仁俊、善仁、仁充、怀仁、仁晖。以“诚”字为名，寓意“忠诚、真诚、诚实”，如：持诚、开诚、先诚、守诚、善诚、佳诚。以“贤”字为名，寓意“崇尚先贤，追求贤德”，如：泽贤、齐贤、祥贤、思贤。

以“博”字为名，寓意“广博专深”，如：博进、博文、博辉、凌博、浩博、昌博。以“慕”字为名，寓意“倾慕、仰慕、敬慕”，如：慕杰、慕英、慕才、慕远。

以“志”字为名，寓意“志在必得，众志成城”，如：凌志、宏志、怀志、远志、志坚、志广。以“振”字为名，寓意“振奋、振兴、振斗”，如：振宇、振威、振世、振显、振涛、振容。

以“超”“越”字为名，寓意“不甘落后，奋起直追”，如：超凡、文超、超冠、越华、越昆、越骐。以“进”字为名，寓意“追求上进，日上日高”，如：前进、持进、永进、日进、益进、昂进。

2. 非凡的名字成就非凡的人

寓意一生成为非凡之人的起名事例还很多。比如下面这些例子中，这些人就没有辜负父母起名时的愿望。

岳飞，字鹏举。“飞”与“鹏举”意义相连。取大鹏展翅，鹏程万里。岳飞果然没有辜负父母的厚望，一心精忠报国，成为一代名将。

刘少奇，少奇者，取少有奇才义。

韩信，汉代将军，强调做人要守信用，所谓“一言既出，驷马难追”。

龚自珍，清代人，自珍既有自我珍重之意，又有敝帚自珍之谦，表明他注重修身养性。

程思廉，元代人，字介甫，一生刚正，常思清廉，真是名副其实。

君良佐，明代人，字去伊，曾做御史。佐就是辅佐的意思，良佐即良臣，他确实是皇帝很好的辅臣。

彭德怀，元帅，德怀即具有品德高尚的胸怀。

2. 名字拒绝不健康的欲望

以父母长辈的意愿起名是一种极为常见的习俗，据统计，几乎有80%的名人的名字，都体现了他们父辈的期望和寄托。所以，如果你有了孩子，也不妨将自己的热切期望与寄托体现在孩子的名字之中，这将会给您带来莫大的乐趣。

当然，将父母的期望和心愿体现在孩子的名字上，主要是指好的或健康的期望和心愿。要是把一些过分重财利、重名望，尤其是重男轻女的思想感情体现在孩子的名字上就不好了。

四、用范字给多胞胎或者亲戚起名

许多亲戚为了能够维系感情或是维持一个家族的繁荣与团结，也经常会考虑给下一辈的孩子们如何起名这个问题。在中国古代，这种问题一般通过范字来解决，比如男子通常以“文”为范字，女子通常以“淑”为范字，所以有很多人起名为文治、文邦、淑安、淑家，如果这四个人恰好是兄弟姐妹的话，那就成了“治邦安家”这句话。这可以给我们提供一个如何给双胞胎或兄弟姐妹命名的思路。

1. 用相同的一个字给孩子起名

这方法是用一个共同的字放在孩子的名字中间，如给双胞胎起名为刘志坚、刘志刚，给兄弟俩起名为张振国、张爱国，两组名字中分别有“志”和“国”是相同的。同样我们也可以给孩子起名为陈健伟、陈健俊，李春兰、李春芳、李春雨等。

如果父母希望自己以后家族兴旺、人丁发达、子子孙孙无穷尽，可以用如下的字给家族的孩子们命名。

可以用希望孩子讲究的字给孩子起名，如：昌伦、彰伦、锦伦、伟伦、美伦、英伦。可以用希望孩子聪明活泼的字命名，如：海迪、泉迪、晨迪、茜迪、燕迪。

可以用希望孩子健康富足的字命名，如：金祥、金海、金葆、金烨、金凤、金雯。可以用希望孩子平安长寿的字命名，如：永平、羽平、雅平、燕平、银平、爱平。可以用希望孩子与众不同的字命名，如：立培、立衡、立涛、立达、雅致、雅琴。

2. 用一个词给孩子命名

许多父母认为即使花再多的时间给孩子命名也值得，因为待孩子长大以后，他们就会发现自己名字之中蕴藏的深意与真情，这份感动是花多少代价也买不来的。父母应该学会拆词给孩子们命名，用这种方法起名可以说既省事又能给人留下深刻的印象。

20世纪60年代有一对夫妇生育了四个儿女，希望他们长大后有知识，成为国家建设的栋梁之材，就给孩子依次起名为“大成”“大为”“小专”“小家”。四个字联系起来读，即是“大大小小成为专家”。按这样的例子起名的还很多，比如以下：

前程似锦——可给孩子起名为张前程、张似锦。友谊长存——可给孩子起名为刘文友、刘文谊、刘文长、刘文存。风华正茂——可给孩子起名为方清风、方清华、方清正、方清茂。前程万里——可给孩子起名为周前程、周万里。常青藤——可给孩子起名为林常、林青、林藤。秋海棠——可给孩子起名为方怡秋、方怡海、方怡棠。

邓演达1895年生于广东，父亲邓镜仁为他起名演达，字择生；给他哥哥起名演存，字竞生。兄弟两个的字和名，均从《天演论》中“物竞天择，适者生存”中取义，既表达了邓演达之父当时对《进化论》的信仰和对于“新学”的向往，也表示了邓演达之父希望两个儿子参与社会竞争，拼搏而有所作为的愿望。可见用相同的一个词给孩子起名不失为一种好方法。

五、巧用雅观的谐音寓意起名

给孩子起名时，有的人喜欢用谐音法。但这种方法要想用好，必须用一些美好意义的谐音才行。

有的字甚至会适得其反，如“吴”“王”“费”等字甚至还有否定的含义，所以我们要想用雅观的谐音起名应注意以下几点：

1. 优雅化

谐音要避免可能对人的误导。像这些名字和，庞博，除了广识博学的意思，还如“磅”一词同音，取其气势宏大的意思。武岳，谐“五岳”；潘峰，谐“攀峰”，取攀登高峰之意；文彦博，“彦博”谐“渊博”；江不凡，“江”谐“将”，取将来不凡之意；宗臣，“宗”谐“忠”取忠臣之意。诸如以上这些同音不同形的字，使人们一听到这些名字，就自然而然地与语言中有意义的词的相同语音联系起来，使名字的内容更加丰富。这些名字谐音很好，能透出一股书生气。

2. 合理化

谐音命名一定要取得有理，不要变成“邪音”。谐音取名法主要有两种：一是姓氏谐音，如刘（留）青山，何（河）思源，朱（珠）宝庭，于（鱼）得水，余（鱼）得海。二是名字谐音，如马辛（新）春，史静（敬）贤，邓艾（爱）民，孔从洲（周），李公朴（仆），冯锦汶（文）等。这些谐音就很好。

此外，一个字的名中一般有几种谐音转化意义，也是约定俗成的，这样大家才能接受，也才能流通。比如有两种谐音语义的姓氏有薛：雪；谭：谈；潘：盼、攀；辛：心、新；赵：兆、照；杨：扬、羊；宋：送、颂（诵）；刘：留、流；何：河、和；钟：中、众等。用这些字去起谐音名时，必须考虑到这一点。

3. 趣味化

谐音要有趣味，但这并不意味着命名要低俗，相反应该考虑周全。“姚培谦”名字的设计是取“要培养谦虚的美德”之义。但“培”

字与“赔”字同音，“谦”与“钱”相谐，因此就容易转化出一个“要赔钱”的消极意义。这就是考虑不周造成了不良的效果。我们在运用谐音法取名时，一定要反复推敲，考虑严密，杜绝不良倾向产生。

有人小时候没有大名，只有小名，长大后觉得小名优雅，又不愿改动太大，就用谐音的办法，找一个或两个比较文雅的同音字来代替原来的名字。比如小名阿狗、冬狗，长大后叫阿苟、冬苟；比如在广东，“亚”字很多，原来粤语阿、亚同音，小名叫“阿某”，长大后就叫亚某，这也可以算是一种雅音。

4. 谐音要谐得有文化

这并非说起名者是真的没文化，而是指可能无意之中造成的不雅谐音会作怪。例如有的取名者只注意了名字本身的意思，却忽略了名字的同音词可能是贬义的。如“于刚”会使人想到“鱼缸”，“范婉”会使人想到“饭碗”。此外，下列三姓者应引起足够高的重视，因为一不留神就可能被叫出毛病来。这三个字是“吴、王、宋”。

先说“吴”字。用这个“吴”姓命名时须注意，因为“吴”与“无”谐音，搞不好会有适得其反的意思。比如“礼”本是一个好字，而明朝时叫“吴礼”（无礼）的官宦就有两位：金华县吴礼和寥庄隐士吴礼，实在可叹。人们常说的一句歇后语是“水浒的军师——无用（吴用）”，没想到两代之后，又多了“无礼”。

此外，《金史卷》中有被小叔杀的提督“无德”（吴德）。明朝洪武年间有个知县名叫信，不过姓吴，称吴信。本来姓归姓，名归名，但读出来谐音实在不好，吴信谐音“无信”，是不讲信义、没有消息的意思，堂堂一名知县，没有信誉，可见其尴尬。

“王”姓，使用得当则生华彩，如《西厢记》的作者王实甫、书法家王羲之、北宋王安石等人的姓名。但使用不当，“王”字会使人联想到谐音“亡”字上。历史上谐音案最为有名的要算是慈禧怒贬王国钧（谐音“亡国君”）了，王国钧之名使丧权辱国的慈禧杯弓蛇影。又如有一个姓王的小朋友，现在正流行“佳”字，父母故以“佳”名字，但谐了“亡家”（家破人亡）之意，这就不好了。

另外还要注意“宋”字。据《明史》记载，锦衣卫指挥使宋忠曾意娶韩国公李善长之女，其时李善长正卧病在床，问其姓名，答：“宋忠。”李善长大怒，将其逐出府门。原来，宋忠谐音“送终”。李善长正患病，女婿却来“送终”，不由他不怒。没过三年，宋忠与燕兵大战，死于阵前，果真送了自己的终。

如“刘洋”这个名字，人们一听到语音，总是与“到外国留学”意义的“留洋”联系起来。另如刘放、魏阳、韩渊、杜子达等名，谐音出来就成了流放、喂羊、含冤、肚子大等晦气不堪的词；又如“扬”字常入名，与“张”相配，得名张扬，殊不知“张扬”一词在俗语中就是轻佻咋呼的意思。

像这样姓名合起来谐音不好的，即使在今天也屡见不鲜。比如，有一家生了个男孩，父母给他起名叫光大，这个名字本也不错，可偏偏他却姓庞，天天“膀胱大”地喊来喊去，让人觉得好笑。又比如，有一个叫星星的女孩，据说是她出生时她母亲梦见了天上的星星。这个名字也算是有意义了，可偏巧她姓穆，自然就叫穆星星。当别人叫她时，她总感觉好像是在叫她“母猩猩”。

古代造成不好谐音的原因很多，一是古代人迷信，命名必依五行四柱，哪管什么音韵；再有封建时代文人死读书，做文断章取义，命名只要是祖宗传下来的，不管意义，只顾名字，即使名字不雅，由于认为名字是父母给的，如果改了就会被认为不孝；而今时过境迁，再不注意谐音的父母，恐怕儿子不但改之，有时还会闹上一番呢。所以，父母在起名之时，一定要把姓名合起来考虑，尽量避免那些字音不雅、字义不佳的谐音。

六、典故起名的妙招

典故是指那些典籍中出现过的有故事有出处的词语。利用典故命名，区区三二字，可起数百字的效果，有“四两拨千斤”的功效。用典故起名也是我国的文化传统之一，是民族文化的结晶和体现。为人父母者在给孩子起名时应充分考虑到这种可能性。以下是一些用典故所起的名字，可供参考。例如：

毕利器：语出《汉书·刑法志》“工欲善其事，必先利其器”

洛冰壶：语出《芙蓉楼送辛渐》“洛阳亲友如相问，一片冰心在玉壶”

胡乔木：语出《诗经·伐木》“出自幽谷，迁于乔木”

白羽：语出《塞下曲》“平明寻白羽，没入石棱中”

钱谦益：语出《尚书》“满招损，谦受益”

方鸿渐：语出《周易》“鸿渐于陆，其羽可用为仪”

赵子龙：语出《周易》“云从龙，风从虎”

王若飞：语出《木兰辞》“万里赴戎机，关山度若飞”

高壮飞：语出李白诗“俱怀逸兴壮思飞，欲上青天揽明月”

刘志丹：语出文天祥诗“人生自古谁无死，留取丹心照汗青”

谢春晖：语出孟郊诗“谁言寸草心，报得三春晖”

杜民川：语出《国语》“防民之口，甚于防川”

朱可均：语出《中庸》“天下国家可均也”

赵明诚：语出古语“自明诚，谓之性；自明读，谓之教”

路祯祥：语出《中庸》“国家将兴，必有祯祥”

李自成：语出《中庸》“诚者，自成也；而道，自道也”

东方既白：语出《前赤壁赋》“不觉东方之既白”

张恨水：语出《乌夜啼》“自是人生长恨水”

戴望舒：语出《离骚》“前望舒使先驱兮，后飞廉使奔属”

陈逸飞：语出李白诗“俱怀逸兴壮思飞，欲上青天揽明月”

张泰来：语出《易经》“否极泰来”

左三思：语出《论语》“季文子三思而后行”

黄秋鸿：语出苏轼诗“人似秋鸿来有信”

毕远帆：语出李白诗“孤帆远影碧空尽，唯见长江天际流”

王尽美：语出“尽美矣，也尽善也”

程思齐：语出“见贤思齐，见不贤其内省”

杨继业：语出《孟子》“君子创业重统，为可继也”

余庆：语出明·王永彬《围炉夜话》“积善之家，必有余庆”

展照：语出宋·文天祥“风檐展书读，古道照颜色”

心远：语出晋·陶渊明“结庐在人境，而无车马喧；问君何能尔？心远地自偏”

沙鸥：语出唐·杜甫“飘飘何所似？天地一沙鸥”

藏辉：语出唐·李白“处世忌太洁，圣人贵藏辉”

观澜：语出《孟子·尽心·上》“观水有术，必观其澜”

兢业：语出《菜根谭》“学者有段兢业的心思，又要有段潇洒的趣味”

克明：语出《尚书·伊训》“居上克明，为下克忠”

子泰：语出《论语·子路》“君子泰而不骄，小人骄而不泰”

敏达：语出南朝·梁·刘勰《文心雕龙·知音》“目明则形无不分，心敏则理无不达”

蓝青：语出《荀子·劝学》“青，取之于蓝，而青于蓝；冰，水为之，而寒于水”

川盈：语出晋·张华.《励志诗》“山不让尘，川不辞盈”

若始：语出《老子》“慎终若始，则无败事”

石坚：语出晋·鲍照《拟古八首》“石以坚为性，君勿轻素诚”

见明：语出《荀子·劝学》“天见其明，地见其光，君子贵其全也”

贵祥：语出明·张居正《陈六事疏》“天下之事，虑之贵祥，行之贵力，谋在于众，断之在独”

乐佳：语出清·阮葵生《茶余客话》“为善最乐，读书更佳”

巧巧：语出《菜根谭》“大巧无巧术”

信芳：语出《楚辞·离骚》“不吾知其亦已兮，苟余情其信芳”

守静：语出《菜根谭》“守静而后知好动之过劳”

凯歌：语出明·于谦“不愿千金万户侯，凯歌但愿早回头”

鸿飞：语出唐·杜甫“鸿飞冥冥日月白，青枫叶赤天雨霜”

修远：语出《楚辞·离骚》“路漫漫其修远兮，吾将上下而求索”

勤珍：语出清·秋瑾“一腔热血勤珍重，洒去犹能化碧涛”

江秋：语出清·王士祯“一曲高歌一樽酒，一人独钓一江秋”

天旭：语出东晋·陶渊明“欢来苦夕短，已复至天旭”

云汉：语出唐·李白“永结无情游，相期邈云汉”

凌翔：语出唐·韦应物“神欢体自轻，意欲凌风翔”

飞鸿：语出宋·苏轼“人生到处知何似？恰似飞鸿踏雪泥”

若尘：语出魏晋·阮籍“人生若尘露，天道邈悠悠”

新雷：语出清·张维屏“千红万紫安排着，只待新雷第一声”

陶然：语出唐·李白“陶然共忘机”

清川：语出唐·王维《归嵩山作》“清川带长薄，车马去闲闲”

江雪：语出唐·柳宗元《江雪》“孤舟蓑笠翁，独钓寒江雪”

嫣然：语出宋·汪藻“桃花嫣然出篱笑，似开未开最有情”

雨微：语出东晋·陶渊明“重云蔽白日，闲雨纷微微”

可悦：语出唐·杜甫“青云动高兴，幽事亦可悦”

江涵：语出唐·杜牧“江涵秋影雁初飞，与客携壶上翠微”

友仁：语出《论语·颜渊》“君子以文会友，以友辅仁”

道朋：语出宋·欧阳修《明党论》“君子与君子以同道为朋；小人与小人以同利为朋”

同善：语出《二程语录》“君子之心，欲人同其善”

宽敏：语出《论语》“宽则得众，信则民任焉，敏则有功，公则说”

思敏：语出《逊志斋集·耒耜》“劳思善敏丰财”

卓然：语出晋·陶渊明《饮酒并序》“青松在乐园，众草没其姿，凝霜殄异类，卓然见高枝”

可勉：语出《欧阳修全集·感兴五首》“圣贤非虚名，惟善为可勉”

怀玉：语出《老子》“是以圣人被褐怀玉”

爱莲：语出宋·周敦颐《爱莲说》“予独爱莲之出淤泥而不染”

君兰：语出《大戴礼记》“与君子游，如人芝兰之室，久而不闻芳芬，则与之化矣”

玉润：语出《荀子·劝学》“玉在山而草木润，渊生珠而涯不枯”

彰善：语出《尚书·毕命》“彰善瘅恶，树之风声”

嘉木：语出唐·孟郊“嘉木依性植，曲枝亦不生”

念慈：语出《菜根谭》“一念慈祥，可以酝酿两间和气；寸心洁白，可以昭垂百代清芬”

惠泽：语出明·陈继儒《小窗幽记》“贫士肯济人，才是性天中惠泽”

友成：语出明·王永彬《围炉夜话》“友以成德也，人而无友则孤陋寡闻，德不能成矣”

介福：语出《诗经·小雅·信南山》“报以介福，万寿无疆”

敬德：语出《周易·坤》“‘直’，其正也；‘方’，其义也。尹子敬义直内，义以方外，敬义立而德不孤”

弘毅：语出《论语》“士不可以不弘毅，任重而道远”

思诚：语出《孟子·离娄章句上》“是故诚者，天之道也；思诚者，人之道也”

清源：语出宋·朱熹“问渠那得清如许，为有源头活水来”

德胜：语出《资治通鉴·唐纪》“德胜才，谓之君之；才胜德，谓之小人”

福宽：语出《菜根谭》“待人宽一分是福，利人实利已的根基”

守正：语出《菜根谭》“宁守浑噩而聪明，留些正气还天地”

志安：语出魏晋·阮籍“猗欤上世士，恬淡志安贫”

大有：语出《周易·大有》“大有，柔得尊位”

素娥：语出唐·李商隐“青女素娥俱耐冷，月中霜里斗婵娟”
蕙心：语出宋·孙光宪“蕙心无处与人同”
亭亭：语出宋·张先“愿身能似月亭亭”
如玉：语出宋·杨万里“如今才是十三夜，月色已如玉”
雪晴：语出唐·戴叙伦“山南山北雪晴，千里万里月明”
香如：语出宋·陆游“零落成泥碾作尘，只有香如故”
景行：语出《诗经·小雅·车辖》“高山仰止，景行行止”
竹筠：语出《礼记·礼器》“如竹箭之有筠也，如松柏之有心也”
留香：语出宋·文天祥“留得声名万古香”
景福：语出《诗经·大雅·既醉》“君子万千，介尔景福”
劲松：语出毛泽东“暮色苍茫看劲松，乱云飞渡仍从容”
任飞：语出唐·卫象“大海从鱼跃，长空任鸟飞”
雄飞：语出《后汉书·赵典列传》“大丈夫当雄飞，安能雌伏”
有恒：语出汉·崔瑗《座右铭》“行之苟有恒，久久自芬芳”
志高：语出三国·蜀·诸葛亮《诫外甥书》“志当存高远”
宁昂：语出《楚辞·卜居》“宁昂昂若千里之驹乎”
大钧：语出东晋·陶渊明“大钧无私力，万物自森著”
灵凤：语出东晋·陶渊明“灵凤抚云舞，神鸾调玉音”
敏诗：语出唐·杜甫“敏捷诗千首”
紫芳：语出唐·韩愈“草木知春不久归，百般红紫斗芳菲”
芳林：语出唐·刘禹锡“芳林新叶催陈叶，流水前波让后波”
小荷：语出宋·杨万里“小荷才露尖尖角，早有蜻蜓立上头”
玉虹：语出清·龚自珍“美人如玉剑如虹”
云帆：语出唐·李白“长风破浪会有时，直挂云帆济沧海”
天舒：语出毛泽东“万里长江横渡，极自楚天舒”

英敏：语出清·申居勋《西岩赘语》“才智英敏者，宜加浑厚学问”

大年：语出《庄子·逍遥游》“小知不及大知，小年不及大年”

广运：语出《国语·越语上》“勾践之地……广运百里”

裕民：语出《荀子·富国》“足国之道，节用裕民”

景辉：语出魏晋·阮籍“暾日布炎精，素月垂景辉”

俊德：语出《尚书·尧典》“克明俊德，以亲九族”

淑君：语出《诗经·国内·鸤鸠》“淑人君子，其仪不忒”

福来：语出唐·魏徵《群书治要·贾子》“爱出者爱反，福统者福来”

马驰：语出唐·高适“把向空中捎一声，良马有心日驰千”

高贤：语出唐·孟郊“残月色不改，高贤德常新”

崇德：语出《荀子·不苟》“崇人之德，扬人之美，非谄谀也”

泽民：语出《孟子·尽心上》“得志泽加于民，不得志修身见于世”

高景：语出三国·魏·曹丕“高山景行，私所仰慕”

展鹏：语出宋·洪适《治日亭》“蓬莱欲往宁无计，一展弥天鹏翅”

韶华：语出宋·秦观“韶华不为少年留，恨悠悠，几时休”

清秋：语出唐·孟浩然“愁因薄暮起，兴是清秋发”

沙白：语出唐·杜甫“渚清沙白鸟飞回”

潇潇：语出宋·柳永“对潇潇暮雨洒江天，一番洗清秋”

际云：语出明·沈倬“月出松际云，清光满篱舍”

秋雨：语出唐·李贺“石破天惊逗秋雨”

蒙蒙：语出宋·晏殊“春风不解禁杨花，蒙蒙乱扑行人面”

月华：语出宋·柳永“月华收，云淡霜天曙”

云舟：语出宋·王安石“彩舟云淡，星河鹭起，画图难足”

飞帆：语出宋·吴文英“凉飓乍起，渺烟碛飞帆，暮山横翠”

蕙雪：语出宋·蒋捷“蕙花香也，雪晴池馆如画”

春煦：语出《菜根谭》“念头宽厚的如春风煦育，万物遇之而生”

芸雅：语出《菜根谭》“芸窗中雅听蝉吟雅噪，方知静里乾坤”

若秋：语出《菜根谭》“不若秋日云白风清、兰芳桂馥、水天一色、上下空明，使人神骨俱清也”

易晓：语出《菜根谭》“读易晓窗，丹砂研松间之露，谈经午案，玉磬宣竹下之风”

雨新：语出《菜根谭》“雨余观山色，景色便觉新妍；夜静听钟声，音响尤为清越”

石润：语出《菜根谭》“遇石润流泉而动澡雪之思”

心旷：语出《菜根谭》“登高使人心旷，临流使人意远”

朱霞：语出明·王永彬《围炉夜话》“观朱霞，悟其明丽；观白云，悟其卷舒；观山岳，悟其灵奇；观河海，悟其浩瀚，则俯仰间皆有文章也”

黄华：语出明·王永彬《围炉夜话》“对绿竹得其虚心；对黄华得其晚节；对松柏得其本性；对芝兰得其幽芳，则游贤处皆师友也”

胜春：语出毛泽东《采桑子·重阳》“一年一度秋风劲，不似春光，胜似春光，寥廓江天万里霜”

霜红：语出毛泽东《渔家傲·反第一次大围剿》“万木霜天红烂漫，天兵怒气冲霄汉”

兰若：语出唐·张若虚“兰若生春夏，芊蔚何青青”

晓天：语出唐·陈子昂“明月隐高树，长河没晓天”

晓燕：语出唐·丁仙芝“晓幕红襟燕，春城白顶乌”

芙蓉：语出唐·王昌龄“荷叶罗裙一旦裁，芙蓉向脸两边开”

若虹：语出唐·李白“数如飞电来，隐若白虹起”

紫烟：语出唐·李白“日照香炉生紫烟，遥看瀑布挂前川”

春芳：语出唐·孟郊“春芳役双眼，春色柔四肢”

春诗：语出唐·杨巨源“诗家清景在新春，绿柳才黄半未匀”

烟霏：语出唐·韩愈“天明独去无声路，出入高下穷烟霏”

晴云：语出唐·韩愈“晴云如擘絮，新月似磨镰”

荷露：语出唐·白居易“草萤有耀终非火，荷露虽圆岂是珠”

天雨：语出唐·白居易“风吹古木晴天雨，月照平沙夏夜霜”

柳丝：语出唐·李殉“柳垂丝，花满树，莺啼楚咋存山幕”

江帆：语出宋·阎选“江水沉沉帆影过”

东梅：语出五代·冯延巳“一夜东风绽早梅”

青梅：语出五代·冯延巳“青梅如豆柳如眉，日长蝴蝶飞”

苑晴：语出宋·欧阳修“翠苑红芳晴满目”

春妍：语出宋·苏轼“今年春浅腊侵年，冰雪破春妍”

雨晴：语出宋·苏轼“凤凰山下雨初晴，水风清，晚霞明”

白露：语出宋·晏殊“白露收残暑，清风散晚霞”

冰晴：语出宋·严仁“冰地晴绿照还空，香径落红吹已断”

紫翠：语出宋·洪臻“万山紫翠斜阳里”

壁月：语出宋·刘辰翁“壁月初晴，黛云远淡”

碧桃：语出宋·周密“渐午阴，帘影移香，燕语梦回，千点碧桃吹雨”

水碧：语出宋·周密“天水碧，染就一江秋色”

紫薇：语出宋·陶必大“月钩初上紫薇花”

江碧：语出唐·杜甫“江碧鸟愈白，山青花欲燃”

露香：语出唐·李白“一枝浓艳露凝香”

晴柔：语出宋·杨万里“泉眼无声惜细流，树阴照水爱晴柔”

月白：语出金·高士谈“月近中秋白，风从半夜清”

丹枫：语出宋·陆游“丹枫吹尽鸦声乐，又得霜天一日晴”

青青：语出明·李先芳“村原处处垂杨柳，一路青青到永城”

天碧：语出民国·李叔同“长亭外，古道边，芳草碧连天”

松琴：语出唐·王维“松风吹解带，山月照弹琴”

秋韵：语出宋·欧阳修“夜深风竹敲秋韵”

春辉：语出唐·张旭“山光物态弄春辉”

海生：语出唐·张九龄“海上生明月，天涯共此时”

长忆：语出宋·潘阆“长忆观潮，满郭人争江上望”

韶光：语出宋·柳永“此际海燕偏饶，都把韶光与”

任平：语出宋·苏轼“一蓑烟雨任平生”

云阔：语出宋·朱郭儒“长江千里，烟淡水云阔”

云涛：语出宋·李清照“天接云涛连晓雾”

玉峨：语出宋·黄庭坚“平地苍玉忽赠峨”

翔风：语出魏晋·阮籍“翔风拂重霄，庆云招所晞”

云飞：语出汉·刘邦“大风起兮云飞扬”

得春：语出宋·徐俯“绿叶阴阴自得春，草满莺啼处”

疏桐：语出唐·虞世南“流响出疏桐”

松声：语出唐·王勃“日落山水静，为君起松声”

潮生：语出唐·张若虚“春江潮水连海平，海上明月共潮生”

月素：语出唐·李白“日色欲尽花含烟，月明欲素愁不眠”

林月：语出唐·綦毋潜“潭烟飞溶溶，林月低向后”

清辉：语出唐·王昌龄“清辉淡水木，演漾在窗户”

竹清：语出唐·王昌龄“荷风送香气，竹露滴清响”

月波：语出唐·韩愈“纤云四卷天无河，清风吹空月舒波”

梅柳：语出唐·杜审言“云霞出海曙，梅柳渡江春”

香雪：语出清·任昌运“忽见疏篱落香雪，水边竹里半横枝”

晓光：语出宋·黄大受“星光欲没晓光连，霞晕红浮一角天”

新月：语出宋·苏轼“新月如佳人”

心悦：语出《孟子·公孙丑上》“以德服人者，中心悦而诚服也”

益青：语出唐·李隆基《赐新罗王》“益重青青志，风霜恒不渝”

平直：语出唐·魏徵《群书治要·吕氏春秋》“欲知平直，则必准绳，欲知方圆，则必规矩”

四海：语出三国·魏·曹植《赠白马王彪》“丈夫志四海，万里犹比邻”

三友：语出《论语·今氏》“益者三友，损者三友。友直，友谅，友好闻，益矣”

本立：语出《论语·学而》“君子务本，本立而道生”

海若：语出唐·王勃《杜少府之任蜀州》“海内存知己，天涯若比邻”

九思：语出《论语·季氏》“君子有九思：视思明，听思聪，色思温，貌思恭，言思忠，事思敬，疑思问，愤思难，见思义”

文进：语出《礼记·乐记》“故礼主其减，乐主其盈。礼减而进，以进为文”

文祥：语出《诗经·大雅·大明》：“文定厥祥，亲迎于渭”

树春：语出唐·白居易“一树春风千万枝，嫩于金色软于丝”

高歌：语出清·吴树本“一曲高歌一樽酒，移舟稳卧荻芦边”

倚山：语出宋·宋伯仁“一轮红日倚青山，只见湖光数里间”

星天：语出宋·辛弃疾“七八个星天外，两三点雨山前”

万沙：语出唐·刘禹锡“九曲黄河万里沙”；

江流：语出南北朝·谢朓“大江流日夜，客心悲未央”

清石：语出宋·苏轼“水清石出鱼可数，林深无人鸟相呼”

天远：语出宋·黄庭坚“落木千山天远大，澄江一道月分明”

松明：语出宋·舒岳祥“溪上人家应夜绩，松明一点出疏篱”

云舒：语出《文始真经》“云之卷舒，鸟之飞翔，皆在虚空中，所以变化不穷”

繁林：语出明·高攀龙《夜坐》“繁林乱莹照，村层人语响”

郁青：语出宋·朱熹《水口行舟》“郁郁层峦夹岸青，青山绿水去无声”

月轩：语出宋·江淹《别赋》“日下壁而深沉，月上轩而飞光”

心香：语出梁·简文帝《相宫寺碑铭》“窗舒意蕊，室度心香”

石兰：语出《楚辞·九歌·山鬼》“被石兰兮带杜衡”

玉龙：语出毛泽东《念奴娇·昆仑》“飞起玉龙三百万，搅得周天寒彻”

玉容：语出唐·白居易《长恨歌》“玉容寂寞旧阑干”

晶晶：语出唐·欧阳詹《秋月赋》“皎皎摇摇，晶晶盈盈”

瑶华：语出唐·张九龄《立春日晨起对积雪》诗“忽对亭林雪，瑶华处处开”

静明：语出《庄子·天道》“水静犹明，而况精神！圣人之心静乎”

飞龙：语出《周易·乾》“九五曰飞龙在天，利见大人”

云鹤：语出唐·崔颢“黄鹤一去不复返，白云千载空悠悠”

定云：语出《菜根谭》“须定云止之中，有‘鸢飞鱼跃’气象，才是有道的心体”

齐观：语出《五灯会元》“万法齐观，归复自然”

云心：语出唐·熊孺登《送僧》“云心自向山上去，何处灵山不是归”

天佑：语出《周易·系辞上》“佑者，助也。天之所助者，顺也；人之所助者，信也”

七、企盼聪明伶俐起名

父母生下孩子，当然希望他聪明伶俐，以便对他将来的学习有益，学到的东西多了，当然对他一生也有好处，这也就很自然地反映在给小孩取名方面。比如：

孟思敏，思敏即思维敏捷，与反应快相同。

马思聪，思聪亦即思维敏锐。

何敏中，敏中即思维敏捷中肯，敏于事而惠于中。

再举几个现代人的例子：

李敏，毛泽东与贺子珍的女儿，原名叫毛娇娇，要上中学时，毛主席给她改名为李敏。关于这个改名，还有一段故事：

毛泽东对娇娇说：“你现在要上中学了，要给你取一个正式的学名，而且这个名字要有深刻的含义。”毛主席打开《论语·里仁》篇，指着其中一句话说：“子曰：‘君子欲讷于言敏于行。’讷，就是语言迟钝的意思。敏则解释很多。”毛主席讲到这里又打开《辞源》，指着敏字解释道：“敏字有好几种解释，如敏捷、聪敏。《论语·公冶长》：‘敏而好学，不耻下问’，敏捷而通达事理。敏还可作灵敏迅速、敏捷多智解。杜甫有诗云：‘敏捷诗千首，飘零酒一杯。’”可见毛泽东主席给姣姣起学名李敏，是希望她敏捷多智。

傅聪，傅雷之子，著名音乐家。聪即聪明。

朱少智，少智即少小就很聪明。

张仲谋，仲谋即足智多谋，有句话叫作“生子当如孙仲谋”，用孙权的字“仲谋”起名，意即也要像孙权那样足智多谋。

黎自明，自明即任何事情自己都很了解，很清楚，这样的人当然很聪明。

梁诚智，诚智即诚实聪明。

像这种以智、聪、敏、睿、明等字做人名的，一般都是取聪明义。

八、希望幸福富贵起名

每个人都希望自己和亲人朋友幸福富贵，就连圣人孔子也曾说富贵是人之欲求：“富而可求也，虽执鞭之士，吾亦为之。”所以，很多父母在给孩子取名时，也寄托了这种希望。

在现代社会，虽然物质生活有了很大提高，但父母还是希望孩子将来生活得更好点。当然，这出于父辈的一种愿望，也无可厚非。不过，相比之下，以富、福、昌等表示富足昌盛等字眼入名，在古代人名比较多一些，现代人在这方面却比较婉转一些。先让我们以古代人名为例：

余福，明代惠安人，字万祥，名与字联起来看，有福又吉祥，一片福气。

张介福，明代人，字子琪。“介”与“借”谐音，能借来福也不错。

凌福之，宋代人，福之即使之幸福。

江福山，清代清泉人，官至总兵，有福如山，福可谓大哉！

何景福，元代淳安人，字介夫。景有尊敬之意，景福乃敬福。

程福斌，后晋人，斌为美好义，再加上福，就更加美好，更有福了。

张天禄，清代榆林人；江禄，梁代孝城人，字颜遐。这两个名字都带禄字，古代官吏的俸给称为禄，以禄为名暗含两层意思，一是想当官，二是想发达。

朱昌颐，清代海盐人，颐是保养的意思，会保养，家道又昌盛，生活当然很愉快。

生活富足与钱、粮有余是相连的，有钱即为富。但以钱字入名显得太露，于是人们便借金、银等字代之入名，如：

曾金，清代襄城人，字多祝。

米贝，明代彭县人。古代曾用贝壳做货币，因而贝就是钱的意思。此人姓米，以贝名之，真是有钱有粮。且不论此名寓意如何，二者结合还是很巧妙的。

父辈生活富足，当然也希望下一代吃穿不愁，甚至于子孙万代都不受穷。许多父母心里是这样想的，实际上也是这样做的。自己拼命省吃俭用，攒下一大笔钱财留给后人。他们不图个人安乐，只图家族的永久兴旺发达。中国人的这种思想观念非常顽固，这一点在古人所取名字中体现得极为明显。如：

何承裕，宋代人，进士。承裕即有承继先人财富义，是希望家族永远发达。

何嗣昆，清代武进人，字眉叔。昆为明亮之义，嗣昆就是希望后代前途光明。

李富孙，清代嘉兴人。富孙的意义很明白，就是让子孙富足。

再举几个现代人名为例：

郭富城，富贵发达，成功成才之意。

毕生富，一生都富足快乐。

赵承福，承福就是承受福分的意思。

康延泽，泽是恩惠的意思，与幸福有相近之处。

王有财，直接以有财为名，希望富足之义显而易见。

钱良，以“良”谐“粮”，钱粮俱有，与米贝恰是一对。再如宋昌富、丁荣昌等名字，都寄托着盼望与昌盛的意义。万福、郭全福等名字，也都寄托着对幸福或好运的追求。

总之，希望广有财物，并不是可耻的事情。有些人也认为追求物质生活就是庸俗，因而不愿意用福、富等字为名，嫌其世俗气太重。这种想法也有道理，取名应着重从理想、希望出发，不可太看重物质利益。但是，也不是说要完全排除这类字眼。当然，为避免落入俗套或重名，也应少用这一类字。

九、盼望健康长寿起名

俗话说“身体是革命的本钱”，再有才华的人，过早地谢世，也不能不说是遗憾。唐代文人王勃、李贺，可谓才子，但不及而立之年就夭折了，虽留下了千古名篇，但也留下了千古遗憾。生命虽有限，但人们却不愿意过早地夭折，尤其是父母，更希望子女能健康地成长，尽享有生之年。这种愿望也反映在所取的人名之中。如：

辛延年：东汉诗人，延年是延年益寿之意。

朱百年，南朝山阴人。百年即百岁，活百岁当然是长寿。

朱寿昌，宋代天长人，字康叔，取寿命长之义。

丁鹤年，明代人。据说鹤能活到很大岁数，鹤年显然就是长寿之义。

方龟年，宋代莆田人。龟是长寿动物，曹操有诗云："神龟虽寿，犹有竟时。"唐代有李龟年，著名乐师，其名字也是以龟年表长寿方义。

李彭年，唐代人，官至吏部侍郎。彭年其义为年龄活到彭祖那么大，彭祖活了 800 岁，当然长寿了。

严彭祖，汉代下邳人，字公子，直接用了彭祖姓名为名。

霍去病，汉代名将，去病就是除去疾病，身体健康。南宋词人辛弃疾的名字也取此意。

再举几个现代人为例：

康健，康与健意义相同，均取健康义。

刘青山，"刘"谐"留"，代用"留得青山在，不怕没柴烧"，意即一定要保重身体，以待来日。

从以上列举的人名不难看出，有些表健康义的字或词，如寿、翁等，放在孩子身上也不大合适。一个刚会走路的小孩就叫 ×× 翁，就会显得过于老气横秋。关于这一点，父母们及长辈在给小孩命名时务必要注意。如果要从健康角度命名的话，应该多动动脑筋。

十、希望万事如意起名

风风雨雨，坎坎坷坷是人生常见的事，人生不尽如人意的时候也很多。但越是这样，父母在给孩子取名时，越是希望他们能顺利地成长起来，顺利地走向社会，工作顺心，仕途如意。自然而然地，这种希望就嵌入到小孩的名字之中了。

在古代，人们的这种思想又主要表现在官运亨通、仕途如意上。读书人都希望在金榜题名之后，顺利地走上仕途，从而光宗耀祖。另外，人们的一些宏伟抱负，在那样的时代也只有走进官场，才能得以实现。这就使得一些具有宏伟抱负的人，为了实现其理想，不得不走上仕途。但是，宦海沉浮，风云莫测，当了官便门庭若市，一丢官就变得门可罗雀。所以，人们不仅希望深入宦海，更希望在宦海中如龙入海，如鱼得水，一帆风顺。这种心理在各个时代的人名中都有很明显的体现，如：

吴承恩，明代著名文学家，《西游记》作者，承恩即承受皇恩，暗含报国谢恩之意。

孔顺，战国时代人，字子慎，曾为魏相。单名顺字，希望一切顺利。

伍启运，清代荆溪人，字异圣，官至宗人府府丞。启运即开运，交运。

伍遇亨，清代人，字毕宇。亨就是顺利之义，遇亨即经历顺利，万事亨通。

伍举，清代大同人，雍正武进士。举是提拔、上升的意思。如果真如此，当然是交了好运。此人最后当上了总兵，官也不算小了。

伍仕阶，宋代德庆人，曾任杭州知县，取名仕阶，意思是希望走向仕途，就像上楼梯一样。但此人后来弃官不做，可能是把官场看透了，不再上这个梯子。

孔颖达，唐代衡水人，字仲达，大学问家，曾受唐太宗之命撰五经正义。颖达即聪颖通达之义，又字仲达，可见取名时希望一生亨通。

王国用，明代人，国用即希望能得到国家重用。

古人取名，虽希望仕途如意，但往往不直说出来，而说自己是良臣、良弼、君佐，实际上也往往是希望得到皇上重用，以展其才。如：君良佐，明代汉川人，字去伊，隆庆进士，后拜御史。佐就是辅佐的意思，良佐即良臣，当然是给皇帝当辅臣。

吕公弼，宋代人，字宝臣，赐进士。弼也是辅佐的意思，表面上是辅佐公家，实际上是辅佐皇帝。

再举几个现代人名为例：

傅经顺，经顺即经历顺利。

金承运，承运即交运，走运。

安如山，万事顺利，风雨不动，如山一般；如山与安姓相连，名起得妙。

杨得志，得志就是使志向得以实现。

张达志，达志即实现志向。

王步升，一步一步地向上升。

贺吉祥，以吉祥人名，直接表万事如意义。

凡是有大成就的人，其名字都有一种积极向上的意味。

如著名科学家钱三强，再三自强，进取之心明显；著名将领、元帅徐向前，取勇往直前，决不后退之义；宋代诗人杨万里取行万里路之义，可见志向远大。

再如蒋大为，取“大”，有作为之意，现在成为全国著名歌唱家，闻名海内外，确实是大有作为；著名光学家王大任，取“天降大任于斯人也”之义，大任既降，焉能不努力？

这些人在取名时，其父母并不一定会想到他们长大会成为非凡之人：但可以想到，有了表示向上意义的名字，对其本人肯定有一定的激励作用。不能说他们所做的贡献与他们的名字毫无关系。

十一、借鉴文学作品人物的名字

有时家长也可以从自己喜欢看的文学作品里找到适合的名字，比如琼瑶笔下的人名就很有特色。她习惯用“若”字，像若兰、若素等，都很有新意。而且琼瑶笔下的人名最可贵的是不俗，大部分没有重名的。可见，琼瑶起名的文学素养高，思路比较宽，这是很值得借鉴的。如果喜欢琼瑶作品中的人名，您可直接把人物的姓一换就可以了，也可稍做加工，这种起名方法比较简单，往往也能起出理想的名字。

下面提供一些名字以供借鉴：

沈佩容、唐国本、冯静如、黄燕珍、叶如兰、叶志嵩、温如馨、姜家良、孔维洁、任卓文、江绣怡、李晓蓉、许馥云、卢嘉琪、费海青、江雁容、周雅安、张子明、叶小蓁、程心雯、沈若梅、孟士尧、谢葆如、蔡若青、沈美琴、李美嘉、郑克文、何燕珍、夏人杰、柳仲康、柳静言、柳逸云、柳静文、柳依依、魏若兰、胡美纹、赵意如、江雁若、郑梦逸、高健群、常思筠、李翠姑

十二、崇尚道德品质起名

金庸的武侠小说拥有大批读者。他的作品丰富，颇有艺术魅力。在给他著作中的人物起名字时，有其独到之处，也可以参考：

左子穆、段誉、钟灵、孟述圣、葛光佩、穆婉清、钟成仇、辛双清、甘宝宝、褚万里、傅思归、古笃诚、朱丹臣、吴光胜、高升泰、段正淳、段廉义、高智升、柯百岁、崔百泉、丁春秋、王语嫣、姚伯当、鲍千灵、恭慕华、向望海、阮星竹、游坦之、苏星河、康广陵、李秋水、武潘安、符敏仪、庄聚贤

金庸为作品中的人物起的名字都很有特点，有些名字起得很奇。这说明他在起名字的问题上没有随便用个俗名，比我们有些父母给孩子起名字还认真。从这点来看，金庸著作中的人名是很有参考价值的。

《红楼梦》的作者曹雪芹，他的文学造诣是一流的，这位文学巨匠在给他书中的人物起名字时的独到之处，我们应该学习一下。

《红楼梦》中的人物众多，从这些名字可以看出，曹雪芹很注意人物的性格化，不同人有不同性格的名字，名如其人。曹雪芹起名字用字思路开阔，有常见字，也有奇字。比如：贾宝玉、贾迎春，这些字都很普通。而像黛玉的“黛”字、探春的“探”字、宝钗的“钗”字、惜春的“惜”字、袭人的“袭”字，等等，都是姓名中的生字。这也反映了作者在起名字时的别具一格和独出心裁。

曹雪芹还善用鸟名、花名及珠宝玉器为名。鸟名如：雪雁、紫鹃、王熙凤；花名如：蒋玉菡、秋桐、金桂、香菱；珠宝玉器名如：宝玉、黛玉、宝钗、贾琏、红玉等。这些名字想象丰富，颇具文采，读了以后能够很好地开拓起名思路。

道德，也是衡量一个人生命价值的重要标志之一。道德品质的标准，在不同社会、不同历史时期，大致方向相同，但细说起来，又有所区别。

在中国古代，男子多以“五德”“四维”“五福”“三多”等观念命名。俞成在《萤雪丛说》中写道：“今人生子，多取文武富贵四字为名。”道出了当时命名的特点。

1. 以“五德”起名

五德亦称作“五行”“五常”，共分三类：

（1）儒尚五德：仁、义、礼、智、信。

（2）将帅五德：智、信、仁、勇、严；另有柔、刚、仁、信、勇。

（3）至孝五德：庄、忠、敬、笃、勇。

儒尚五德，常与三纲连用，称为“三纲五常”。三纲指的是：君为臣纲，父为子纲，夫为妻纲。儒家认为“五德”是常存不变的五项道德标准。因此，历代人们多以五德之字命名，如仁惠、仁杰、叔礼、守礼、守义、崇义，等等。

将帅五德出于孙子。《孙子兵法·兵略训》中以“柔而不可卷也，刚而不可折也，仁而不可犯也，信而不可欺也，勇而不可凌也”。把将帅五德归纳成柔、刚、仁、信、勇五种。历代武臣战将多以此五德命名，如汉朝大将韩信；东汉大将马武、班勇；三国时战将黄忠、庞德、孙坚；西晋武将刘毅；唐大将尉迟恭、苏定方、李希烈；宋大将石守信，等等。

至孝五德始于春秋。《吕氏春秋·孝行》以庄、忠、敬、笃、勇为至孝五德，并解释道：“居处不庄非孝也，事君不忠非孝也，莅官不敬非孝也，战阵无勇非孝也。”以至孝五德命名者，在历史上也不乏其人，如郭守敬、韩世忠等。

2. 以“四维”观念起名

“四维”观念是礼、义、廉、耻，始于春秋时代。《管子·牧民》中说：“四维张，则君令行。”

四维本是管仲协助齐桓公推行政令而制定的四项准则，后人以其为道德依据，多以四维观念而命名。例如：王守礼、陈钦廉、薛怀义等。

3. 以“三宝”“三多”“五福”等起名

《老子》中有“三宝”的记载：“我有三宝，持而宝之，一日慈，二日俭，三日不敢为天下先。”《庄子·天地》论“三多”：多福、多寿、多男子。

“五福”的记载见于《尚书·洪范》，“五福：一日寿，二日富，三曰康宁，四日攸好德，五日考终命。”攸好德，即所好者德之意；考终命，即善终不横夭之意。

道教是中国三大教（儒、道、佛）之一，流传甚久，对中国古代文化思想影响很大。用道教思想命名，是一种很流行的命名方法。以陶渊明为代表的“逍遥派”，多具有很浓厚的超世观念。人名如：毛延寿、严济慈、王克俭等。

4. 以墨家思想起名

墨家与儒家为针锋相对的两派，二家并称“显学”。墨学创始人墨子竭力主张“兼相爱，交相利”。《墨子》中有“赖其力者生，不赖其力者不生”的论述，认为“官无常贵，民无终贱”。虽然战国以后，历朝历代多崇儒教，然而墨家思想仍然深入人心，以墨家思想命名者亦不在少数，例如，“尚贤”“尚同”等。

中国的思想、文化多受儒家影响，名字屡屡以其为依据，所以千余年变化并不甚大。直到1949年新中国成立，人们的思想才焕然一新，名字也体现出这一特点，出了许多叫“新华”的名字。另外，中国人受儒家思想支配了数千年，宗族观念很重，在命名中屡有体现，如绍祖、孝先、延嗣、继业、念祖、显祖、绍箕、悦宗等。

最后值得一提的是女子的名字。儒家认为“惟女子与小人为难养也”。受此轻视妇女思想的影响，中国妇女数千年来社会地位一直低下，起名字也往往依据“三从四德”“三贞九烈”。《周礼·天官》说四德为：好德、好言、好容、好功。历代女子名为“贞”“淑”“贤”“顺”的俯拾皆是，直到今天有些人仍给女儿取名王蓉贞、李淑贞等。

十三、以大自然的风情万物起名

有人喜欢以自然中的美好事物为名，如孔子以“丘”为名，郭沫若以“水”（沫水，若水）为名。像海洋、溪泉、涧流、崇山、峻岭、嵩岳、山峦、丘陵、谷壑、岩石，以及岱、岚、嶂等无不入名。以山水起名，特别是名山大川，多与出生或父母的游历有关，可以很好地表达父母或自己的心愿。

在我们周围，不少名字直接取自名山大川。如一黄姓男孩在黄山出生，叫黄山；一洪姓男孩出生在洪泽湖旁边，叫洪泽，其他像泰山（东岳）、南岭、昆仑、长江、黄河、珠江、东海、南海、北海、黄海等均见于名中。

常用山起名的如：黄碧山、谢春山、李苍山、刘青山、玉高峰、岳奇峰、丁剑峰。

常用河流命名的如：黄河浪、潘长江、范长江、李清江、江涛、江波、蒋碧波、李春波、刘春溪、邱清泉、冯甘泉、谷玉泉。

常用湖泊海洋命名的如：王秋湖、吴春湖、张清池、方春、谭海光、周海日、何海潮、彭湃、海啸。

常用田、原、谷、路命名的如：高原、林雪原、吴秋野、佟野、王茂林、张铁林、包春林、万秋林、刘松林、朱林、吴宇森、田野梁、田谷川、王春泽、邱泽、萧玉路。

常用城或堂字起名的如：古江城、马玉城、谢园、王新城、张铁城、李仁堂、王贵堂、刘美堂、张寿。

堂用“玉”字旁意为珍宝或美玉的字起名，如：张曼玉、刘玉玺、葛玉佩、蒋玉环、姚佩珊、赛珍珠、宗玉璞、刘玮、冯亦玮、申珊、吴京珲、李嘉珥、聂珥珠、秦珙、于琨、王琚彤、周璇、张冰瑾、严瑾、刘瑾姿、向璞琢、谢璐缘、蒋含璐。

以奇花异草、珍禽异兽起名，如：花菊仙、李若兰、吴倩莲、兰家英、刘丹桂、苏月桂、李莉君、池莉、闻九香、张月橘、冯嘉荷、杨紫、琼叶、冬青、萧天竹、祝梅友、张蔷蔷、蒋碧薇、刘蔷。

从自然事物或天体中也可以找到名字如：李晓风、陈露、甘霖、李秋霖、凌子霄、郝云霄、刘雨声、高雾峰、雷鸣、文雯、周雯影、郑雪萍、张雪凝、张宇、孙雨田、方阳。

十四、佳名欣赏

1. 丁玲：原名蒋冰之，现代著名女作家。丁玲，象声词，形容玉石、金属物体的撞击声。此名极富动感和乐感，音形结构都堪称绝妙。

2. 马永贞：永贞，永久保持贞洁的品德，如《易·贲》曰：“贲如，儒如，永贞吉。”

3. 马致远：路遥知马力，“致远”见真心。能致远的马乃良马、宝马。用语委婉而落地有声，不失力量。致远还有安静沉着，追求远大目标之意，如《淮南子·主术训》曰：“是故非淡泊无以明志，非宁静无以致远。”

4. 王朝闻：有“朝闻昔死”之典，表示学习道业、追求真理的信念，精神感人。如《论语·里仁》曰：“朝闻道，夕死可矣。”

5. 王安忆：安宁恬淡地追忆往昔，回眸人世沧桑，心中一定感慨颇多。

6. 方志敏：取“君子讷于言而敏于行”之义，即志在实践，重在行动。

7. 文天祥：取天降吉祥之义。表示神灵相助，顺乎天意，必然容易成功。

8. 丛翰香：书画丛集散发着墨香。体现了典型的书香门第特点，同时也表达了文人的情趣。

9. 孔颖达：唐代大学问家，曾受唐太宗之命撰《五经》等。颖达即聪颖通达之义，希望其一生亨运通达，博学卓群。

10. 艾青：著名诗人。其名字主要有两层含义：一是表示热爱青春，珍惜美好的青春年华；二是表示像青艾一样成为济世良药。名字音节明快、简洁、清脆。

11. 毛宗文：字建平，清代文人。宗文就是文宗，以文为宗旨，表现了立志从文之意。

12. 毛思义：字继贤，明代进士。思义即时时都考虑道义，继贤即追随先贤。

13. 牛得草：如鱼得水，似牛得草，情趣盎然而又含义深远。牛不得草，命将绝；人不得志，气终短。文字通俗之极，一听即懂，朴实、憨厚。此名之意虽在牛得草而壮，但感谢养育之恩、报效大地之情也隐含其中。

14. 元好问：从小就喜欢勤学多问，文字通俗朴实，有良好的导向作用。古人有这类名字实在难得。

15. 邓世昌：世代昌盛、兴旺，继往开来，有延续性。在表达美好愿望的同时，也体现了远大的理想和抱负。

16. 邓稼先:《诗经》有言:“不稼不穑，胡取禾三百廛兮。”“稼”代表农业、农民、农村。稼先，取“庄农最为先”之义。

17. 冯骥才：骥才乃千里马之才，乃世上少有之才，再与“冯”姓相连，“二马”乃千里马，真可谓匠心独具，令人叫绝。

18. 归有光：回到充满光明的地方去。表示喜爱光明，追求理想的生活。“归”还可取谐音“贵”，更富有意味。

19. 卢照邻：炉火正旺，温暖一方，照亮四邻，象征着团结友爱精神。

20. 石达开：功力所至，开石获宝，即能达到。

21. 史可法：历史具有匡世法则的作用，有的可以效法，有的应当借鉴。

22. 向警予：一向注重自诫自省，严格要求自己，绝不自由放任。取此名是有修养的表现。

23. 关山月：山中有关隘，关上有明月；月照关山，清淡朦胧，一派诗情画意。唐代李白有诗云：“暮从碧山下，山月随人归。”

24. 朱自清：《楚辞》中的“宁廉洁正直以自清乎”，表明自己要做一个清白自尊、廉洁自律、品格高贵的人。

25. 陈友谅：朋友之间应当互相尊重，也要善于谅解，出自《论语·季氏》：“益者三友，友直，友谅，友多闻，益矣。”

26. 陈荒煤：陈年老荒生煤炭，揭示了煤炭的成因，表现出辩证思维，有启发性。

27. 陈学昭：原名陈淑章，著名作家。因喜欢研读南北朝梁代文学家萧统编的《昭明文选》，故改名学昭。

28. 陈省身：典出曾子："吾日三省吾身，为人谋而不忠乎？与朋友交而不信乎？传不习乎？"表明砥砺志向之意。

29. 杜鹏程：取"鹏程万里"之义，比喻前程远大，志在千里。

30. 严文井：文章组织严密、条理井然有序。表示才华出众。

31. 严济慈：慈善好施，受人尊敬，二三字叠韵，语音效果好。

32. 李清照："数枝李花临窗照，一股清香入室来。"有形有色，颇为动人。

33. 李自成：取自成大业之义。有志气，充满自信，能鼓舞人。

34. 李可染：白色的李花，可以染成红黄蓝绿等多种颜色。比喻人的可塑性，含义深远。

35. 李隆基：只有根深基牢，事业才能兴隆，江山才能永固，表示基础深是兴隆的关键，具有普遍意义。

36. 李苦禅：学艺要勤苦专心，持之以恒，像老僧参禅那样深通事理才能成功。有启发性，蕴含哲理。

37. 刘白羽：白羽，杆上带有白色羽毛的箭，出自唐代卢纶的《塞下曲》："平明寻白羽，没在石棱中。"这里是指能射穿青石的利箭，表现出强劲的力量。

38. 刘海粟：表示自己宛如沧海一粟，平凡而微小，同时也表明纵然是沧海一粟，也要认真生活、努力奋斗，"众粟"成"海"。

39. 吕良佐：字去伊，明代进士，后拜御史。良佐即忠良辅臣，表达其为国家效力，成为忠良贤臣的意愿。

40. 吕公弼：字宝臣，宋代进士。弼，辅佐，即辅佐帝王治理国家的意思。

41. 伍仕阶：宋代杭州知县，取名仕阶，意思是希望在仕途上阶阶高升，但此人后来弃官不做，可能是把封建官场的腐败看透了。

42. 吴承恩：承恩即承受君恩，暗含报国谢恩、升迁进化的意思。

43. 吴敬梓：“梓”是古代用来刻字制版的木材，也代指印刷。敬梓即尊重和向往刻木行文及编书写作之类的事业。

44. 何其芳：多么芬芳啊！表示由衷地赞美，不由自主地发出感叹。

45. 沈尹默：沈尹默原名沈君默，即沉默之君。因不善辞令，朋友戏之：默不作声，要“口”何用？遂将“君”去口，改名沈尹默。“尹”为古代长官名，于是变为沉默之长了，颇有情趣。但“沈尹”叠韵。语音欠佳。

46. 范长江：范取“泛”义，即漂浮，游泳。在长江里泛游，豪壮，有气魄。

47. 冼星海：繁星灿烂，汇成光波闪闪的大海。景象壮观，象征大有作为。

48. 张居正：一切行动以正派、忠直、端庄为规范，严格自律，绝不违犯。

49. 杨朔：“朔”既有新月意思，又有北方的意思，常用“朔风”表示寒冷的北风。以“朔”为名，表示自己顽强的精神。

50. 洪秀全：洪大、秀丽、完整同时并存。此名由形容词构成，比较独特。“秀全”二字是由“禾乃人王”四个字组成. 而其中“禾”谐音为“我”。于是“秀全”便解为“我乃人王”。其意一目了然，这反映了取名者非凡的抱负和追求。

51. 柳如是：用“我见青山多妩媚，料青山，见我应如是”之典，表明自己妩媚多娇，自尊自信，个性鲜明。

52. 柳宗元：宗，推崇；元，始创。即推崇、尊奉事业的开创者，表示对创业者的崇敬。

53. 竺可桢：桢，取贞义，可桢，保持美好品德，如《易·坤》曰：“含章可贞。”

54. 郑板桥：唐代文学家刘禹锡《杨柳枝》中载：“春江一曲柳千条，二十年前一日板桥曾与美人桥上别，恨无消息到今朝。”借其中“板桥”二字来表达对人世沧桑、世态炎凉的感悟，也表现了其达观、自嘲的精神。其名与画风一致，耐人寻味。

55. 施光南：让光辉照亮南方。表示发光、发热，贡献自己的力量。语音清爽响亮，字形组合良好。

56. 施今墨：墨家思想在当今的施行者，表示继承与发扬优良传统。

57. 项安世：字平父，宋代淳熙进士，后迁户部员外郎。安世，有使世界平安之意。

58. 骆耕漠：“沙漠之舟”用辛勤的汗水耕耘着荒漠，决心献身于艰苦的事业，其精神可敬可佩。

59. 顾炎武：其名源自对宋末民族志士王炎午的仰慕之情，谐音取名“炎武”，借用其名，表达了自己的抗清之志。

60. 秦兆阳：谐音取名，勤奋努力就象征着太阳，而太阳象征着光明和希望。语音铿锵响亮。

61. 闻一多：表示只知其一却自认为知之甚多，有自谦意味，内蕴辩证思维，富于教育意义。

62. 梁思成：梁取谐音“良”义，良思乃成，意即深思熟虑方能成功。表示成功得来不易。

63. 梁漱溟：漱乃漱口之意，溟即大海；以海来漱口，可见胸襟气度之大。音韵甚畅，圆润饱满。

64. 梁实秋：季节更替，春华秋实。庄稼的果实要到秋天才能收获。具有人生的哲理。

65. 梁启超：先人已给予了许多启示与经验教训，后人应该从中受到启示，学习借鉴并超越他们，这样才能不断地进步和发展。该名字富有历史的厚重感。

66. 徐特立：特然独立，意志坚定，如朱舜水《朱舜水集·毅》载："毅然特立，有为之士也。"

67. 遏必隆：遏制打击丑恶势力，有助于进步力量的发展与兴隆，含有一定的辩证思想。

68. 盖叫天：叫响天下，表示名声远扬、艺道高超，系观众赞扬之辞。

69. 龚自珍：自珍既有自我珍重之意，又有敝帚自珍之谦，表达了注重自我修养的情怀。

70. 康有为：有为即有所作为，如《孟子·离娄下》载："人有不为也，而后可以有为。"

71. 盛以弘：字子宽，明代万历进士，官至礼部尚书。"弘"与"大"同意义，"以弘"就是胸怀大度，联系名与字来看，其意为要宽宏大度地待人处世。

72. 黄炎培：发扬炎黄传统，培养为中华振兴、争光的一代新人。

73. 陶行知：行知统一，行为先。即实践与理论相统一，实践出真知，实践先行。

74. 陶百川："陶"取"掏"意，即挖掘。百川，江河，如《淮南子》曰："百川并流，不汇海者不为川首。"开掘百条江河，为民造福，举动感人。

75. 盛以恒：明代万历年间举人。字勉南，苦志励学，以恒即持之以恒。此人以名激励自奋，在学习中确实表现了这种精神。

76. 程千帆：取“千帆竞发”之意。众多船只争先恐后地破浪前进，场面热烈、情绪高涨，有鼓动性。

77. 储安平：必要的储备是保证社会安定、平安的重要条件，说明事理，有教育和警世作用。

78. 傅抱石：抱定以石为友的信念：观石、写石、画石、刻石、咏石、终生弄石，体现了自己的志趣和理想。

79. 韩信：做人要守信用，大丈夫一言既出，驷马难追，体现了一定的情趣和性格。

80. 雷抒雁：震撼天地的雷声，那是在为穿云而飞的大雁抒发豪情。该名构思新颖。

81. 穆念慈：念慈，一念之间的慈悲祥和。《菜根谭》曰：“一念慈祥，可以酝酿两间之气；寸心洁白，可以昭重百代清芬。”

82. 魏希文：明代人，精于理学。希文就是希望有文采，从事文业，后果然如此。

第三章 起名有原则

好名字助益孩子一生

名字既是一个身份标志记号，同时又赋予家长对子女的美好愿望和良好祝福。具有美好意义的名字，不仅会令人赏心悦目，也会给叫这个名字的人增光添彩。因此，名字的语言美是人们在起名时最关注的问题。

一、确定谁最适合为孩子取名

一个婴儿呱呱坠地后，如何为孩子取个好名字，成为为人父母们面临的一个重要问题。按照相关的规定，新生儿出生后一个月内应该去报户口，报户口时要使用正规的名字。我国还规定名字不能随意更改，孩子报户口时的名字通常要使用一辈子，因此，孩子起名字不能不引起重视。

有些年轻人刚结婚或者怀上孩子后，就开始为孩子构思如何起名字了。等到孩子呱呱坠地之时，名字就已经起好了。

很多情况是，许多准父母们，虽然也曾想为孩子事先准备好名字，但直到孩子出生时仍没想好，或者是原来的名字不适合。

因此说，在新生儿降临时，沉浸在喜悦之中的父母，都会面临为孩子取名的问题。

先秦时期，贵族家的孩子出生，首先要到祖庙里烧香，并告诉祖先知道，称为“告庙”，然后由奶妈和孩子母亲抱着，去见孩子的父亲。父亲问清相关情况后，就会拉住孩子的右手，为孩子取名。孩子的母亲将名字记下，回去后将孩子交给老师，并让老师将孩子的名字告诉女客人和家里的妇女们。

而孩子的父亲则会将孩子的名字报告给族长，然后由族长告诉同族之人，并连同生日时辰一起告诉当地主管部门。主管部门则填好两份相关表格，并将其中的一份交予高一级政府存查，另一份自己保存起来。这样一来，孩子便有了名字与户口，成为正式的合法公民。

从此以后，名由父定则成为一种传统。这种传统一直保存在贵族阶层和文化人士的家庭、家族中，至今仍被大多数人认同，这说明名由父定的传统确有代表性和合理性。

当然，名由父定是父权制占支配地位的产物。在古代，取名象征着一种权力，而名字也会被人看作是一份遗产或财产。世系与财产以男子计算，名由父定和子随父姓是一样的。

当然，古人为孩子起名，一般平民家庭并不如此复杂，而且取名之人也不仅是孩子的父亲一人。

一般的家庭，通常是在“告庙”之后，除由孩子的父亲起名外，有时也由孩子的祖父取名，或者由族长或族内的饱学人士依据孩子所在支派和字辈起名。

当今，为孩子取名的礼仪、方法、风俗等，都与古代有着很大不同。在由谁取名的问题上，曾有过质的改变。特别是男女平等的呼声越来越高时，女性参与社会的意识也在加强，至此子随父姓和名由父定的传统受到了严峻的挑战。

孩子不仅按传统子随父姓，还可以反常规而随母姓：既可以由父亲起名，同样还能由母亲定名，而目前越来越多的是父母共同参与。

除此之外，人们对姓名要包含血亲和宗法意义的意识慢慢淡化，偏重名字的好念和动听。取名时详细地在词典中搜寻精美辞藻，或是发动许多人来为孩子物色佳名。

通常情况下，父母、祖父母、外祖父母、叔伯、姨姑、舅舅、上司、朋友、邻里等，都可以充当取名者的角色。

当然，孩子的父母是给孩子取名最合适、最有资格的人选。孩子是父母双方爱情的结晶，自己生的孩子自己取名，才是最具意义的。父母为孩子取名，不单是一种神圣的权力，还是一种神圣的责任。

如果父母不能胜任为孩子起名的重任，就要去考虑由孩子的祖父母、外祖父母及其他的亲戚去取名，这样取出的名字会有一种血缘上的亲切感。

倘若上面这些人没法给孩子取一个合适、理想的名字，然后才去考虑通过邻里朋友乃至专业人士取名。

二、什么时候取名最好

为孩子取名的最好时机，概括起来讲有产前备名、生即取名、满月取名、三月取名及周岁取名五种。其中，以产前备名、三月取名及周岁取名最具代表性。

产前备名指的是孩子出生之前先将名字取好。备名通常在孕期着手酝酿，这时正在孕育新的生命，父母时刻都会记挂新的生命，既期待着新生命的诞生，又憧憬新生命的未来，自然那些为人父母们会情不自禁地去仔细思考伴随孩子一生的名字。

备名通常是指备双名。因为大多数情形下，父母不清楚怀的是男孩还是女孩，所以适合男女的名字各准备一个，孩子出生后再按照性别来决定取舍。有的父母为孩子起名，除考虑性别因素外，还考虑孩子诞生的时辰、相貌、特征等许多方面，为孩子准备好几个名字。

按照古代习俗，三月通常为孩子取名。《仪礼·丧服传》说：“子生三月，则父名之。”这里，三月取的是正式名字。

何故要在孩子出生三个月后为其取名字呢？《白虎通义·姓名》中详解，在孩子出生三个月前，家庭内部人通常使用小名，三个月过后，会时常相见来访者，有时小名不便让人呼唤或知道，为让来客知道并方便呼唤，所以必须给孩子取一个能够公开使用的正式名字。

周岁取名是汉族的习俗。最常见的是在民间风行的“抓周”取名。此习俗最早起自南北朝时期，当时称之为“试儿”，明清时期开始称为“抓周”或“试周”等。

抓周，指的是当孩子过周岁时，在他的面前摆放一些生活用具和各种物品，诸如弓刀纸笔、钱印珍宝以及针头线脑之类，任他随便抓取，以此来推测孩子日后的前程、事业、性格、兴趣，并根据抓阄和预测的结果，取一个相应的名字。

古典名著《红楼梦》一书介绍了贾政为贾宝玉举行“抓周”仪式的场景：贾宝玉周岁时，贾政老爷便要试他将来的志向，便将那世上所有之物摆了无数，让他抓取。谁知他一概不取，伸手只把那些脂粉钗环抓走。贾政老爷便不喜欢，说他将来不过是酒色之徒，因此甚为不悦。

因为按照传统的抓周风俗，抓到了书就是读书的，抓到印就是做官的，抓到算盘就是做买卖的，难怪贾政不欢喜了。

一直到了近现代，抓周习俗依然在我国大部分地区广泛流行。著名学者、文学家钱锺书先生的名字，就是按照抓周的方式命名的。钱锺书的父母在他刚满周岁的时候，举行了“抓周”仪式，见他首先抓到的是书，非常高兴，便取“钟情于书”的意思为他取名“锺书”。

后来，钱锺书先生又根据原名起笔名“锺书君”。钱锺书可谓人如其名，他淡薄官场、名利和金钱，一生爱书如命，曾经写下许多令人啧啧称赞的文章。

现今仍有抓周习俗，只不过大多数人已经不再据此取名了。其中一个非常重要的原因是现在的孩子出生后马上就需要报户口，正式的名字通常不能等到孩子过周岁后才起。

没有丝毫准备的生子，取名十分仓促，尤其是起大名更是如此。产前往往考虑不到孩子诞生时和诞生后的情形，所以，建议产前备名，产后再做修正，报户口之时再确定，若考虑当地的民间风俗，则可结合传统与现实的需求灵活变通。

三、起名字音要悦耳响亮

在距离遥远、声音嘈杂或是人群熙熙攘攘的场合，通常需要用通报姓名或呼喊姓名的方式来取得联系。因此，名字通过声音交流时，具有清脆悦耳、音节响亮等特点是非常重要的。

鲁迅先生认为“响亮悦耳，易于传播”是取名的主要原则之一，起名字首先是为了被称呼，其次才是为了被书写、记录的。

一个拗口难读的名字，时常会给工作和生活带来诸多麻烦，诸如傅、珠、书这三个字组合在一起，不仅读起来十分吃力，听起来也十分费力，原因就是它们十分拗口。

在我国，被用作人名的汉字，在读音上需要具备声、韵、调三个基本要素。由于一个人名多是通过两个字或者三个字的组合，所以就涉及音节间的互相搭配问题。

取名倘若不会搭配，就会变为“绕口令”，例如徐、玉、云等字的结合，读起来就很吃力再加上方言发音，会让人难以听清。

在长期的言语交往过程中，人们逐渐形成了比较固定的心理定式，语言中几个相近的字可以用同一种声调。三个字的时候，就要在声调上有一些变化，这样才符合基本语言习惯。

姓名的声调问题看似十分复杂，其实如果抓住其规律，其中的奥妙就可以轻易弄懂。起名的时候，将选用的字与姓组合起来并仔细推敲，一边排列一边念出来，一边念一边比较，使字词的选择与声调的组合有机联系起来，从而形成形美、音美、义美三者相结合。

下面是一些字音响亮、悦耳的古今名人的名字：

毛享、朱熹、班固、周瑜、曹丕、方舟、丁玲、艾青、张飞、韩愈、于谦、曾原邑、石天柱、王安石、高占祥、安致远、朱元璋、康有为、苏奎章、蒲松龄、钱三强、李商隐、李时珍、白居易、王之涣、洪天赐、卓尔康、曹雪芹、罗贯中、卢照邻、骆宾王、刘伯温等。

若使用单名，阳平、上声、去声的姓氏，则不能用和姓氏相同声调的字，而阴平类的姓氏可随意使用。

声调的叠用应该避免。对于单名来说，只要将上述三声调的重叠巧妙避开，剩下的就是选字了。

倘若使用双名，声调组合的问题比较复杂一些，因此要注意以下三个方面：

1. 要注意声母、韵母的搭配

声母指的是汉字音节开头的辅音。倘若姓名每个字的声母相同，读来则不响亮，而且十分拗口，诸如汪、望、旺，这三个字的声母都是 w，因此既不好听也不好读。

韵母是指汉语字音中声母、字调以外的部分。韵母相同，字音便会十分接近，读起来不仅不响亮，还十分拗口。如，“广”和“良”，这两个字的韵母都有“ang”，因此，读起来非常拗口，听起来效果也不好。

2. 要尽量避免同声组合

起名时，要尽可能避免使用声调相同的字，以免平直呆板，缺乏动态感。而在名字中运用不同声调的字，让它们错综复杂，就能产生悦耳动听的效果。

这在两字名中表现得尚不突出，诸如王昂、李益，不管怎样叫都很好。但在三字名中，例如王、广、光这三个字韵母都是“ang”，读起来就比较拗口了。

三个字声调一致，更没法达到音美响亮的效果。“景选”这个名字的两个字都是上声，读音不响亮，倘若改成“敬宣”，就能取得很好的效果。

3. 应避免双声、叠韵的出现

双声，指的是两个字的声母相同；叠韵，即两个字韵母相同。诸如易翼、瑞如等名字意思不错，但是都犯了双声的毛病。再如慕甫、衡声等名字，立意很好，但是都犯了叠韵的毛病。还应该注意的是，名字第一个字的声母最好不和姓相同，像崔、璀等字的叠用，读来就不会顺口了。

一些人取名时通常喜欢运用读音相同或重叠字，诸如李双双、陈灿灿等，这些双音叠字的名字虽然读来较顺口，但因显得活泼，较适合取为乳名或爱称。

名字的音韵结合是一个十分复杂的问题，但并没有教条而言，总的原则就是上口、响亮、好听，使名字富有节奏感和音乐感。

四、起名字形要和谐美观

作为组成名字的基本元素，字形同字义和声音一样重要。如果取名时不注意搭配字形，就会使名字没有美的感受。尤其是书写名字时，如果搭配不合适，就会让人觉得缺乏直观感，觉得不是一个完美的名字。

1. 字的形体

我国的姓氏通常笔画上繁简不一，少则两三画，多则几十画，因此，取名时一定要照顾到笔画较少的姓氏和笔画较多的姓氏繁简的搭配，以求取得视觉上的美感。

字的形体可以分为：强型字、弱型字、实型字和虚型字等。

强型字能给人活泼、旺盛、发展的感觉，象征着活力和生机，诸如炎、成、威、豪、容等。弱型字给人一种单薄、平缓、轻柔的感觉，诸如斗、平、年、市、帛、科等。

实型字则给人充实、丰厚的感觉，象征着有丰富蕴藏且强而有力，诸如衢、露、风、基、泰等。虚型字给人一种空洞、神秘和空虚的感觉，象征着无忧无虑、心高意大，诸如口、几、门、人、方、穴、弓等。

取名时，应该注意强、弱、实、虚型字的合理搭配。例如，成、威、豪，全是强型字。虽然呈现出旺盛之态，却给人一种盛气凌人之感；平、科，是两个弱型字，让人感到十分柔弱、平缓；国、基、泰，是三个实型字，虽然充实有余，但不够生动活泼；弓、行、方，为三个虚型字，给人十分空洞的感觉。这类字的组合在字形上都缺乏美观和谐。

名字的实虚强弱往往会给人的心理带来影响。从名字的形体来看，自然是虚实、强弱结合会好一些。全虚、全实、过强、过弱，都是美中不足的。

汉字是极讲究结构的方块字。姓名用字在整体上应该讲究形体美，比如“阮昊”这个名字，由左右结构加上下结构组成；又如“曾艳”这个名字，由上下缝构与左右结构组成；又如名字“周磊”，由内外结构加“品”字形结构，这类名字字形结构都显得十分活泼。而均为上下结构视觉上显得瘦长；都为左右结构，在视觉上又给人又扁又胖的感觉，显得较为单一，看起来显得很呆板。

2. 姓名形体和谐

看姓名形体和谐与否、平稳与否，首先取决于姓氏，因为一个人的姓氏是固定、先天的，而名字则是人为的、后天的。所以，每个人的姓便成为整个姓名结构与形体的参照物和基准点。

比如丁姓，是一个独体结构字，笔画较少，因此，与之配合的名字最好是笔画较少的。诸如丁小平、丁日吕、丁玉川，其整体的结构和形体就会给人一种和谐、匀称的感觉；诸如“丁”字和“德”“繁”等笔画较多的字组合，则会给人以头小、身子重之感，感觉十分不和谐。

姓氏笔画十分多的人，更需要注意名字笔画与姓氏的搭配。倘若名字笔画十分少，会给人一种头重脚轻的感觉。

譬如燕姓，结构为上中下结构，笔画十分多，与之配合的字最好应该是笔画较多的，诸如取名燕紫蕾，从形体和整体结构来看比较匀称。譬如“燕”字和“一”“平”等笔画较少的字组，就显得不平衡。

倘若叫作燕一蕾，因为其形呈对称状，让人感觉是一条扁担挑两只筐，不会失去平衡，在视觉上就和谐了。类似的佳名还有龚一飞、蒋子龙等。

起单字名也是如此，如姓戴的人起名戴飙、戴麟效果最佳。

姓氏笔画较多的人起名时，并不一定要选用笔画较多的字与之搭配，因为笔画太多，使用起来便会增添许多麻烦。

最有效的解决方法是取三字名，并在三字名中尽量使用笔画不多的字。诸如姓钱的人起名单用“一”字，写出来并没有美观的感觉，但如果在姓名间加上“如”字，变成“钱如一”，就显得文雅、细致了很多。

姓名笔画多少直接影响着姓名的整体结构是否美观。因此，部首偏旁等字形的变化有时也会起决定性作用。

五、起名要含义丰富、寓意深刻

由于受传统文化的影响，国人在取名时向来十分重视字义和寓意。在习惯上，当人们选定某些字作为名字时，首先考虑的往往是这些字的本身含义，作为名字以后又可以赋予什么含义。

可以说，姓名除了其社会功能外，还具有强烈的主观色彩，其中包含着命名者的期望、追求、寄托和幻想。它既可联系过去，又可说明现在，还可展望未来：有时候，它便是人的“宣言书”；有时候，它也是生活的“安魂曲”；有时候，它还是命运的“交响乐”。

如在我国封建社会里，人们多注重尊祖敬宗、子嗣荣昌，因此取名时多选用“祖”“宗”“敬”“绍”“广”“嗣”“先”等字，并取些诸如“绍先”“敬祖”“广宗”“延嗣”之类的名字。其中用“绍先”“敬宗”作名字，有缅怀祖先功业、继承先烈遗志之意，是取名者承先期望的反映；用“广宗”“延嗣”作名字，有希望子孙发扬光大自己的事业、宗族昌盛之义，是取名人启后、兴宗愿望的反映；用“荫孙”作名字，是希望自己的福禄能荫庇子孙，也是取名人启后愿望的反映。一个人的名字究竟使用什么字，字义是首要考虑因素。我国古今的一些名人，他们的名字大多简单明快、寓意深刻。如李白、杜甫、白居易、岳飞、王安石、文天祥、史可法，等等，无不如此。

人是有感情的动物，一个好的名字会给人愉悦感和好的印象，一个俗气和乏味的名字无疑会在无形中减轻自己的分量。

如有人就曾讲过这样一个故事：

在美国，有人做过一个试验，把30位年轻姑娘的照片拿去让男大学生们作评语，然后在照片上写上名字，再拿去让这些大学生重新作评语。结果，那些名字动听的姑娘的评语好上加好，原来评价不错的姑娘因名字不好而有所降低。同样，在我国，当向年轻人介绍对象时，假如有两对男女的名字分别是张华健、王保栓、李薇薇、赵秋菊，在各种条件大致相同的情况下让他（她）首先根据名字挑选对象，那么男性首先被选中的肯定是张华健，女性肯定是李薇薇，其中的原因，当然是他（她）拥有一个较为典雅的名字。

1. 不要起洋味太重的名字

我国汉字大都具有丰富的内涵。因此，我们起名时应该通过一两个汉字来表达一个确切的意思。像“约翰”“玛利”“丽沙”“珍妮”“洛夫”“珠利”等，仅是根据外国人名字音译的字，除了带点洋味外，没有什么确定的汉字意义。当然，使用带洋味的名字，这本无可厚非，但这种名字在人际交往中，往往会使对方产生一种距离感，甚至给人一个不好的印象，这就可能妨碍一个人的事业了。

2. 不要起太俗的名字

名字是人们彼此交往的一个工具，而名字在很多场合，又往往构成给人的第一印象。正因为这样，起名用字应尽量避免俗气的字及字义。

3. 要顾及姓与名字义上的组合

起名要注重字义，这里并不仅是讲名的字义，实际上还有一个姓与名字义上的组合问题。例如："白如冰"这个名字就是姓与名在字义上的最佳组合。作为一个姓，"白"这个字并没有什么意思，但将它与"冰"联系在一起，就构成了"洁白如冰"这一高雅、深刻而又完美的字义。听到这名字，就会觉得是一种享受。再如"周而复"这个名字也是如此，构成了"周而复始"的完美字义。反过来，不考虑姓与名在字义上的组合，起名时就有可能出差错。如胡来、马虎、孙儿等，都是在起名时没有顾及姓与名在字义上的组合。

六、起名要新奇独特，与众不同

名字是人际间相互区别的符号，应该有突出的个性、鲜明的特征。试想。大家如果都叫张三、李四、王五、赵六，人名就失去了它的基本特征，变得可有可无。

造成名字不新颖、不典型的原因是多方面的，但许多人在取名时不肯动心思是一个重要的原因。因为不肯动心思，诸如阿猫、阿狗、小二、小三之类的名字便充斥社会。而有些人虽然动了心思，但只是跟在别人后面转，缺乏创意，以致所起的名字毫无特色，只不过是为同名的人中增加了新的一员而已。如人们都希望子女成龙成凤、健康俊美，名中带有龙、凤、健、康、美、俊、英、勇等字的人特别多。加上有些父母带有强烈追求时尚的心理，在什么时代就取什么名字，因此也就使名字的典型性特点更加不突出。比如，在 1990 年北京亚运会前后，取名“盼盼”“亚运”的占了相当大一部分。

当然，由于生活在同一个时代，属于同一个民族，有着共同的欣赏习惯和心态，在取名时向一个目标考虑是不可避免的。但重要的是怎样同中求异，在相同之中取出新颖、奇特、典型的名字来。

怎样才能使名字新颖别致呢？要做到这一点其实并不难，只要从自己熟悉的汉字或习惯用语中认真发掘就可。

如我国一向忌讳含有贬义和不吉利的字作名字，但事实上如果把贬义词拿来变通一下作为名字，还是能取出别具一格的名字的。像我国历代人名中，有霍去病、辛弃疾、李苦禅、张恨水等，其中虽然使用了让人忌讳的“病”“疾”“苦”“恨”等字眼，但由于处理手法新颖独到，不仅一扫这些字本身所带的晦气，而且还收到了强烈的艺术效果。

某中学有一位教数学的张老师，就为孩子取了一个很特别的名字：张零。问其原因，他解释说，在数学中“零”是一个奇妙的符号。它独立存在的时候，表示什么也没有，但如果把它置于一个数字的前面或后面，这个数就是原来的数的 1/10 或 10 倍。把它放在两个数中间，则表示较大的数之下附有较小的数。

再如，我国习惯上不把数目字和大小多少等数量词人名，因为这些字眼过于平凡和粗俗。但是，如果把数量词与其他字的关系处理好了，就会收到独特的效果。如名叫张三、李四、钱一、王大、牛小等，显然有些粗俗不堪，但如果取钱如一、任二北、李四光、赵六如、王九思、高红十、牛百岁、程千帆、马万年、张大用、苏子小、刘保多、徐少卿等名字，就给人以雅致的感觉。

另外，一些习惯用语中也有不少可以用于人名的素材，如果把这些素材巧妙地加以利用，同样会取出一些令人拍案叫绝的名字。如利用日常习惯用语所取的何其芳、牛得草、石成金、常香玉、梅兰芳、江南春、自如雪、冷如冰、关山月、凌云志、何许人、黄河清、秦汉唐、宋元明等名字，无不意味深长、妙趣天成。

总之，取出一个新颖奇巧、典雅别致的名字，素材处处都有。就看我们怎样去发掘了。

七、好名字所具备的特点

起名是人的一种文化行为，古代有名言：“有其名必有其实，名为实之宾也。”在《说文解字》一书中，训义“名”为“起”，“名自起也”。作为父母，随着宝宝的降临人世，首先要给宝宝起一个好名字。有的父母在宝宝出生之前就开始做准备，以防措手不及。有的家长希望给宝宝起一个寄托美好愿望的名字，希望他（她）成就一番事业、拥有幸福的人生，渴望他（她）受人敬仰、名字流芳百世。

当年阮璃为男宝宝起名“阮籍”，期望他继承光大阮氏家庭门户。阮籍虽在仕途上没能施展抱负，但在文学上却大有成就，青出于蓝而胜于蓝，超过了“建安七子”之一的父亲阮瑀，影响到后来的诗人如陶渊明、陈子昂一直到李白。在这方面，阮籍堪称达到和超过了父辈起名时的期望。

1929 年 9 月 27 日，鲁迅妻子许广平产下一男婴。鲁迅到医院看望妻子时，问许广平有没有给宝宝起名，许广平说没有。鲁迅说：“我倒想起两个字，你看怎样？因为是在上海生的，是个婴儿，就叫他海婴。这个名字读起来颇悦耳，字也通俗，却绝不会雷同。译成外国名字也简便，而且古时候的男人也有用婴字的。如果他长大后不高兴这个名字，自己随便改过也可以，横竖我自己也是另起名字的。”海婴长大后，一直沿用父亲为他所起的这个名字。

好名字不仅是代表一个人的符号，还有深刻的寓意，同时也是一个人的文化层次、背景的体现。人一生有个靓丽的名字不仅给别人印象深刻，而且还关系到人一生的事业、婚姻、健康和人际关系。因此，除了亲人对宝宝亲切称呼的小名外，父母需要给宝宝起个“龙行天下”的“大名”。这个“大名”，既要使其名正言顺，又要寄寓美好的心愿，甚至希望名字能给宝宝带来吉祥如意、辉煌前途。可见给宝宝起个好名字不是十分容易的事。

因此，一般来说，好的名字有以下特点：

1. 表达美好的意愿

通常地说，父母对宝宝的期望不外乎以下六种：

（1）宝宝健康俊美

如果你是一个父亲或母亲，你会希望自己的宝宝长得身体健康、外表俊秀。下面这些字就意味着健康与漂亮，如俊、威、英、健、壮、焕、挺、帅、秀、伟、武、雄、巍、松、柏、山、石、婵、娟、姣、妯、婷、姿、媚、婉、丽、妩、美、倩、兰等。

（2）宝宝博学多才

作为父母，当然也希望自己的宝宝学业出色，最好能受到大学教育并且衣食无忧、工作稳定。所以他们可能会对这些代表聪明、睿智、天赋的美词感兴趣，如颖、灵、睿、锐、哲、慧、敦、迪、明、晓、显、悉、晰、维、学、思、悟、析、文、书、勤等。

（3）宝宝品质优良

心灵美比外形俊美更重要，父母往往懂得这个道理。很多汉字都包含道德规范要求在里面，如蔼、仁、容、德、轩、贤、良、伦、正、清、义、诚、直、道。但这并不意味着随随便便拉过来一个字配上姓就成为好名字，父母必须要考虑到姓与名如何匹配的问题。

（4）宝宝生活富足

追名逐利是人类的天性，父母给宝宝起名时也会体现出这点来。在日常生活中，我们会碰到很多人有这种名字。名字里含以下字可寄予这种希望：达、耀、兴、荣、华、旺、盈、丰、余、昌、盛等。

（5）宝宝幸福平安

有的家长希望宝宝一辈子风平浪静，平平淡淡。平淡自然不是平庸或者平凡。有的家长会选择一些最平常的字去表达他们的心意，如安、静、顺、通、坦、泰、然、宁、定、和、康等。

（6）宝宝事业有成

许多家长希望自己的宝宝将来能自立自强、辛勤工作、坚忍不拔、意志顽强，所以他们喜欢用一些阳刚之气十足的字，如毅、独、刚、强、衡、韧、恒、坚、力、决、定、立、主、志、意、自等，虽然也有家长给女宝宝起这样的名字，但基本上这些名字是男宝宝的专利。

2. 积极的志愿

人只有肩负时代的使命，为社会做出贡献的同时才能实现美好人生。因此，首先应该树立正确的起名观。有句名言："世界潮流，浩浩荡荡，顺之者昌，逆之者亡。"这个潮流就是世界趋势，不是一两个人所能决定的，人们只有肩负时代的使命，国家兴亡匹夫有责，才能实现人生的价值。起名字也应本着这个世界观。事实上也是这样的，我国在抗美援朝时期，名字特点比如：保家、卫国、抗美、卫平、朝胜、援朝等。而现时期名字的特点：思宇、振兴等。

3. 动听

响亮上口，流畅好听，协调美好，这是作为一个好名字的基本要求。我们的名字一般由两个或三个字，最多四个字组成，而汉字常常是一个字一个词或一个词根，一个字有一个字的声调和音韵，几个字组合在一起，就会有不同的整体音韵效果。有的人名字好听，有的人名字不好听，其根本原因就在于音韵搭配得合理不合理。而一个人的名字起得好不好，首先就在于让人叫起来是否顺口清晰，让人听着是否和谐、响亮。这就要求我们注意起名用字的整体音韵效果。因此，应该注意以下几个主要的问题：

首先，应该尽量避免姓和名的声母和韵母相同。

如"王"（wang）是由"乌"（w）昂（ang）所拼写成的，起名时不宜与"文旺"（wen wang）三个字的声母相同，否则读起来就很拗口。“包波帮”也犯了同样的毛病。如果将两个名字互换一个字，改成“王文卫”和“包文帮”或“王文威”和“包伯威”，便动听得多了，相邻两字的声母尽量避免相同，读起来才上口。同样的韵母也要注意这个问题。

其次，要尽量避免姓名的字音与不雅之词同音。

例如李思、韩渊、史诗、鲁子达等名，看字义都很文雅，但容易在口语里读成“你死”“喊冤”“死尸”“肚子大”等。

最后要尽量避免姓名的平仄声相同。现代汉语不讲平仄，以四声论之，所以要注意四声：平、上、去、入的发音。如王虹丙，三个字全是上声，读起来很绕口，便不如王虹兵好听，等等。

4. 好看

中国的汉字是一种独特的方块字，数量非常多。《康熙字典》收字就多达6万个。汉字繁多，可是各有不同的结构，除了独体字之外，有左右结构、左中右结构、上下结构、上中下结构、上合下分结构、上分下合结构、全包围结构、半包围结构、品字形结构等。独体字有如万、方、王、马等姓氏，左右结构如刘、杨、何、林等姓氏，左中右结构如谢、树、濮等姓氏，上下结构如李、吴、罗、金等姓氏，上中下结构如莫、冀、黄等姓氏，全包围结构如国、园等姓氏，半包围结构如包、巨等姓氏，品字形结构如聂等。

汉字还有笔画繁简、肥瘦、虚实之分，而且真正的常用字也只有3000多个，生僻字较多。一个名字由两个或三个字，最多四个字组成，用作起名的字要注意与姓氏用字在形体上的和谐、平稳。在姓氏固定的情况下，要注意的也就是起名用字与姓氏的合理搭配。有几个原则需要强调：

在起名的时候，姓名中每个字笔画要相对匀称；各种形体的字最好有些变化；用字要注意姓与名用字的平稳，看上去才显得整体和谐、协调。

另外下面的问题尤其值得引起重视：

起名不宜用笔画太多的字。

如果一位小学生，一开始上学便要他写几十画的名字，实在是一种沉重的负担。成年人在人际关系中，常常书写姓名，笔画太多，大家都头痛，搞不好会以别字代替，容易写错了名字。如魏、濮、巍等。

名字的部首、偏旁要避免相同，部首相同使人有单调、重复的感觉。例如江波澜、何信侠等就属这种问题。

起名用字要注意肥瘦长短、强弱虚实之分。

肥字如：赢、圆、瞒、赐、照、蜒等，看上去较笨重。

瘦字如：丁、小、十、卜、子、于、卡、千等，虽有活力，但本性较弱小。

长字如：甘、芥、申、甲、年、平、芽、干、辛、个等。

短字如：四、丑、土、正、也、企、山、丘、生、女等。

强字如：力、成、雄、戚等。

弱字如：穿、亢、己等。

实字如：城、福、隆、室、宜、风、凰、尊等。

5. 姓名搭配和谐

名字除了表现自我外，因为经常是为被人叫、被人看的，所以应该从他人的感觉上去注意，自己的名字让人听着悦耳、看着易记，也是非常重要的，甚至能做到让人过目不忘、过耳不忘那就是理想的效果了。如果一个人的名字让人产生歧义，当作笑话而记住，且过目不忘，那这种适得其反的结果就不一样了，这是我们要注意避免的。

好名字往往比较文雅、富有意义。起这样的名字要使人过目不忘、过耳不忘，往往是姓名搭配和谐并表达了某种积极意义的名字，或者是善于借用典故成语表达了人名的某种意味的名字，或者是借用名人、古人名字改造得宜的一些富有意义的名字。如“刘畅”的名字，谐“流畅”音而表意；如“唐前燕”的名字取“旧时王谢堂前燕”的诗句谐音表意；如“华而实”的名字改“华而不实”的成语表其反意；如“李如白”的白字借大诗人李白的名字表“如李白”之意，这些名字就达到既有雅意又好记的效果。但要防止不好记，或者好记而无雅意的名字。

八、好名字的字形字义

起名需讲究字形，其中包括两方面的含义：一是名字写出来要好认，并且寓意深长，尽量不用那些生僻的寓意字；二是名字要讲究间架结构，写出来好看。

1. 明确的寓意

汉字数量浩繁，常人认识的汉字一般在3000左右。有的人总是喜欢用一些不常见的字起名，有的字甚至在字典上也查不到。名字是与他人交往的符号，如果别人不认识，这种交往就会成为一个单向流动，会带来不便。有位心理学专家统计，用比较冷僻的字起名的人，一般社交能力较差，性情孤僻。看来，这足以引起起名者的注意。

很多人给宝宝起名寓意深远，对宝宝的前途有帮扶。如北宋著名文学家苏洵和他的两个儿子苏轼、苏辙，他们的文章在当时就很有名气，被称为“三苏”。这三位文学家均名列“唐宋八大家”。

苏洵，字明允。苏洵27岁开始发奋读书的这年，大儿子出生了。他为大儿子起名苏轼，字子瞻。“轼”，古代设在车前供人凭倚的横木；“瞻”，为眺望的意思。名与字合起来是说，可以凭轼而观之，登高而望远。苏轼，号东坡居士，他就是后来声名赫赫的北宋大诗人苏东坡。

三年后，二儿子又出生了。苏洵为他起名苏辙，字子由。“辙”，指车轮碾过的痕迹；“由”，顺之随之的意思。名与字合起来是说，车轮顺着辙痕，你就走吧！苏洵为两个儿子所起的名与字，连起来意思是说：“上车后凭‘轼’而望，把好方向；顺着‘辙’痕，大胆前进！”

这两个名字含意深刻，富有哲理，意在教诲儿子，在人生之路上，要把握方向，别走错道；要顺着车痕轨道走，以免翻车。把握了这两条，才能走出自己的路，达到既定的目标。

2. 字形与姓名的关系

姓名中的每个字的笔画应该相对均等，这样才能给人以稳定感和平衡感。否则，就会看起来不美，写起来不舒服。姓名整体上是应该讲求“建筑美”的。如，“来”字是一个穿插结构的字。如果起名为“来申吾”，单就字形讲，其整体结构和形体看起来还是蛮舒服的。不足的是姓与名的三个字，从整体来看显得过于一致，单调了一些。应该说，这一姓名是有“章法”的，且讲究了对称，具有一定的“建筑美”。之所以这样，是因为这个姓的“来”字首先定了“调子”。

丁是一个独体结构的字，笔画少。这就要求与之配合的字，最好也是笔画比较少的。如：丁小兰，从整体来看，给人的感觉比较匀整、和谐、舒服；丁繁森，就会给人以头小身子重的感觉，不和谐；丁一微，则给人前轻后重的感觉，不和谐。

同样道理，“燕”字笔画较多，与之配合的字最好也是笔画较多的。如：燕紫蕾，比较匀称；燕一平，就显得头重脚轻；燕紫一，则使人感觉失衡。燕一赢，感觉像是一条担子挑两只筐，左右平稳，看上去协调。 单字名也如此。如：丁平，整体结构和形体和谐；丁赢，就是头小身子重；燕一，则是头重脚轻；燕紫，整体结构匀称，形体饱满。

姓名的整体结构和形体，不仅要从字的笔画人手，还要着眼于字形的变化，要注意字形的协调与美观。如国团圆这个名字，三个字都是全包围结构，且不说语音如何，仅从字形讲，这一姓名给人的感觉是缺变化、单调，完全是封闭式的。这就是名字的整体不协调带给人的坏印象。

再如丁一这个看起来很朴素的名字。先不说语音，仅从字形讲，这一姓名给人的感觉也是太苍白，孤零零的，单调，且缺乏想象力。

家长在给宝宝起名时，要知道过犹不及的道理，要注意强、弱、实、虚形字的搭配。如成威豪、午平科、傅基泰、门几田这样的名字是我们需要努力去避免的。这些名字或是由三个强实字连在一起，显得过于丰满；或是三个瘦弱字或虚弱字连在一起，显得先天不足，虚伪、空洞或过于虚张声势。而这些应是起名时要尽力去避免的。

九、读音铿锵洪亮

我国被用作人名的汉字，在读音上有声、韵、调三个基本要素。由于人名多是两个字或三个字的组合，这就牵涉到音节之间的相互搭配问题。在声调上，汉字分阴平、阳平、上声、去声四种形式，起名时应尽量避免使用声调相同的字，以免呆板平直，缺乏动感。相反，在名字中使用不同声调的字，让它们错杂相间，就可以产生抑扬顿挫、悦耳动听的艺术效果。像这种情况，有时在两字名中表现得还不突出，如李益、王昂，无论怎么叫也不显得特别别扭，但到三字名中，如果起名颜延年、孟子居、荀庆卿，读起来就不那么顺口了。加上我国在长期的语言交往中，形成了较为固定的心理定式，语言中相近的两个字可以用同一声调，三个字时，后面的字一定要在声调上发生一些变化。只有这样，才符合我国的语言习惯。

在起名时注意用字读音声调的同时，还要注意声母和韵母的搭配。如一位叫林英琴的女性，名中的“林”“英”二字在读音上十分接近，因此读起来颇不顺畅，远不如起名“林月琴”爽快。又如颜一烟这个名字，名中的“颜”与“烟”读音相同，仅是声调不同，尽管两字之间有“一”隔开，读起来仍有些不顺口。

当然，我们说起名时要注意声母、韵母的配合，并不是说名字中有声母相同或韵母相同的字就不是好名字。如果名字在声、韵问题上处理得好，也并不是起不出好名字的。如黄华、马国光、陈真、王连清等名字，有些是声母相同，有些是韵母相同，但读起来并不让人有拗口之感，说明其处理好了声与韵之间的关系。一般说来，起这类的名字往往需要有较深的文字修养，掌握高超的文字技巧。如果不具备这些条件，起出的名字并不会收到预期的效果。

近年来，随着文化的发展和改革开放的不断深入，一些人在起名时越来越喜欢取读音相同或用字重叠的名字，诸如陈晨、韩含、刘姗姗、李双双、宋婷婷等，这些名字虽然读来较为亲切顺口，却有一种年龄段的限制，把它们用在青少年身上较为合适，若用在七八十岁的老人身上就有些不妥了。在起名时，不仅要考虑一时的因素，还要把方方面面的问题都考虑进去，尤其是在读音上更不能马虎。

十、借用一些现代汉语的修辞手法

起名字实际上也是一种文学创作，如果一个人的文学修养深，他起的名字一定会比别人的更有内涵，不落俗套，出其不意。所以人们可以在起名字时运用一些文学写作技巧。下面简单介绍几种文学修辞手法。

1. 借代

借用表示与某一事物有密切关系的另一事物的词语。如果运用得当，可以使名字含意隽永，形象生动。

2. 节缩

节缩就是节短压缩多音的词语，从而使名字活用许多成语、典故、俗语以及经典词汇，同时也可以使名字的音节更加优美动听。

3. 镶嵌

名字中的镶嵌可分为镶入数词、形容词、动词、副词、介词等形式，使名字明暗相间，起伏婉转。

4. 对比

在舞台上，好人与坏人矛盾冲突，就显得好的更好，坏的更坏；在绘画中，白的黑的同在一个画面，就显得白的更白，黑的更黑。起名时也可以采用这种修辞手法，把相反或相对的字放在一起对照，比较，使双方都更加鲜明，突出。

5. 陪衬

把甲乙两个字放在一起，以乙衬甲，使甲更加鲜明、突出，这就叫陪衬，又称“衬托”。被衬托的字叫主体，作衬托的字叫衬体。

6. 复迭

复指重复，迭指重迭。一般多用此修辞方法给女孩子起名，如李圆圆、王婷婷、张乔乔等。读起来委婉柔和，体现女子的娇柔之美。

7. 比喻：

在起名中，比喻实际是把前一个字用作喻词，来突出后一个字的美感。例如有很多人的名字的前一个字用“似”“如”“仿”“化”等字，像王似霞、张化雨等，就都是运用了比喻的方法。

8. 夸张：

夸张就是在名字中扩大或缩小某事物的形象、特征、程度、数量等，这样就使名字很大气，有力度，使人印象深刻。

十一、百姓学十要

姓名学在我国一直是被认为重要但著述却很少的一门学科。

在古代，中国人对于姓名看得极重，正名是礼的重要体现。因此，也就有种种有关内容出现，如姓、名、字、号等。

1. 字义的选择

古代字义不同，但要以《说文解字》为本。如兄弟二人，兄名王之，弟名王也。本义取之乎者也以代替排行。但也者，女阴也。男人叫王也为不吉，有的女性，也不爱采用该字作名。又如吴、贾、甄、殷等姓，起名时一定要注意选择字义，不可轻易起名吴（无）长寿，贾（假）仁义，等等，这些都是需要避讳的名字。

姓名既定，古人又创造了字、号等加以补救。如姓汪名辉、姓钱名林，本身姓与名五行相战，有人生多难坎坷不顺之象。可以改为带木火相生、水木相生的字号来缓解相克关系。如姓汪名辉，字松林，姓钱名林，字泊洋。

2. 阴阳反义的考虑

名字不要选择相反的字义，如李福，其音意的反义词就是外祸；祖成功，反义就是子孙失败，古人认为这样的名字都不合易理。

3. 拆字喻意的考虑

姓名中使用组合字时，要尽量避免喻意不佳的组合。如“超”字拆开后为“走刀口”一词，有在刀刃上过日子的喻意。但姓吴、贾等姓氏使用则相对好些。同理，姓名也不能使用不吉组合字词，如“沙涛”，从姓名组合来讲，却有“水旁少寿”的喻意。

4. 字音的考虑

字音在起名时也不能忽视，不可与不雅词句谐音。如“廉磊”与“连累”音意相近，“韩渊”与“含冤”谐音，“白佳”和“败家”音似等，这类名字都为不吉。

5. 字音韵律的考虑

音是指纳音，即宫、商、角、徵、羽五音，与气化相感应。一音卜二律，五音共六十律，古人论命生克变化，皆取纳音。

音韵要求读起来顺畅，不绕嘴，相邻二字的声母尽量不相同。如“李立玲”“温闻文”两名都犯同样的毛病，是姓氏与名字的声母相同。

6. 字义的考虑

起名时不要使用太俗气的字词，不能选用老化陈旧，祖辈中常见的名字。

在中国，直到今天有些地方还存在这种情况，家族中每有婴儿诞生，均由族中德高望重的长者给起名字。男女各分派别，决不混乱，叔伯兄弟子侄等辈分从名字中便可知晓。把名字当作家族人员出生次序类别的编码。

这是宗族制的一种传统做法，称为排家谱，也叫排行。这种排行的做法，是古人文化的一个方面。

大凡名望之族，都以立家谱，续字辈为荣，既企盼世代繁荣显贵，又希望宗族后裔便于寻宗觅祖。但在今天看来，排不排行已经没有多少实在意义了。因为男女平等，宗族观念淡化了，排行就会自然淡化的。

由族中德高望重的长者统治起名权的做法，尤其排行起名的传统观念，都或多或少地阻碍着运用姓名对人生命运的调整。同时也由于长者的文化素质、思维观念陈旧，以及老一代对新时期的心理逆反等，都可能出现姓名文化的滞后。

有一位姓古的年长者为自己的孙子起名为“古满仓”。这个名字使我们看到的是，代沟现象无处不在。“满仓”“满囤”这样陈旧的意识和老化落伍的名字，在21世纪实在与时代不和谐。听来很难想象“古满仓”三个字能是个天真活泼的孩子的名字。孩子是祖国的未来，是父母和家人的希望，蓬勃的生命却冠以苍老的名字。

名字用字也不能太洋，不要用冷僻的字。名字太洋气容易使人对自己轻慢，不予重视；过于冷僻的字容易使人读不出来，会让人家感到不好意思，无端地给自己设置了障碍，影响社交和工作。

7. 选字的考虑

字形要注意选择，姓与名的字形要配合适当，笔画不要差距过多，不要选择笔画繁重难于书写的字。还要尽量避免相同的偏旁、部首，以免给人有重复单调感。有的人愿意用与自己姓氏相同的部首偏旁的字起名，如江海洋，王玉全等，这种名字就存在这个问题。

字的长短肥瘦、强弱虚实都是需要考虑的内容，命弱性柔之人要采用阳刚之字为名，命强身旺的人应选择阴柔之字为名。

第四章　名不正则言不顺

宝宝取名的禁忌

自古以来，每个父母都希望自己儿女的名字响亮、动听，让人好懂，容易叫，容易记，而又富有内涵。那么，在给孩子起名的时候，为了避免陷入起名误区，了解一些关于起名的禁忌就显得十分必要了。

一、繁难字取名麻烦多

有些父母喜欢用繁难字给自己的子女取名，为的是显示自己的博学，殊不知，这样会给孩子造成很多麻烦。想想看，如果你给孩子起的名字，大多数人看了都不认识，叫不上来，甚至造成笑话，那该是多么尴尬的事情。

那么，什么是繁难字呢？

“繁”字是指结构复杂且笔画多的字，这样的字写起来既麻烦又不好认。一个小孩如果用“繁”字起名，不仅自己不好认识，而且太难写，容易使其丧失对写字的兴趣和信心。无论是写出来或是打印出来，名字中繁字多了就会黑乎乎一片，造成黑白失调，令人产生憋闷感，透不过气来。而“难”字是指不经常用的字，也就是不易认读的字。这样的字一般人不认识，既不会读，也不理解它的意思。用这种字起名字，就会影响人与人之间的交流，妨碍名字正常功能的发挥。即使名字具有高雅的艺术性和娱乐的趣味性，但在不识不懂的多数人面前，再好的名字也只能是一个文字符号，甚至造成笑话，产生误会，带来不必要的麻烦。所以，父母在为孩子起名字时要用常用字，不要用繁难字。

名字中的繁难字有两种情况：一种是因为该字本身的意义较狭窄，平时用不到它，不常见，不常用，于是成了一般人不认识的繁体字。如王正“黼”，“黼”是古代礼服上的花纹。用这样的字起名字，大有显示自己博学的嫌疑。另一种情况，是用异体字起名。这种异体字通常情况下已停止使用了，所以用到名字里，多数人都不认识。这样除了给人出难题，别无解释。

名字是一个人与他人交往的符号，如果别人不认识，这种交往就很不方便。而且从心理学讲，当一个人对另一个人的名字认不得或读不出来时，必然会产生一种不愉快的感觉，甚至不愿与他交往。有位心理学专家做过统计，凡有用“繁难”字起名的人，一般社交能力都差，且有80%的人性情孤僻。由此看来，用“繁难”字起名的做法，的确是不可取的；因此，父母在给孩子取名的时候，要忌用“繁难”字，符合多数人的利益和要求。这样，才能发挥名字的正常功能．有利于人与人之间的交流。

二、粗野的名字不文明

父母给子女起名不要用“粗野”的字，因为名字应当是一件精致玲珑的艺术品，不仅要文明，还要优雅。而“粗野”是与它格格不入的。

粗与细是相对的，野与文是相对的。所谓“粗野”字就是粗糙的未经加工的带有原始味道的字词。

用“粗野”字起名有两种主要表现：

一是用词未经加工、粗鲁、俗气。如狗蛋、野猫、牛仔、石头、黑孩、毛妹等。这些大多是乳名，有的又用作大名。

二是虽做了一定的文字加工，但是词间仍流露出一种野气，给人冥顽不驯的印记。如雷公、雍纠、胡泥、栗腹、同蹄、裴蛐、类犴、玄嚣、古押衙、北郭骚、刘杀鬼、武大烈、于雷娃、任毛小、闪震电、刘黑枷、何恃气等。

这些名字，有的显“凶”，有的露“卑”；有的吵闹，有的阴森；有的呈威，有的执气。给人的感受是丑多于美，恶大于善。同时，随着全民族文化素质的提高，这类名字将逐步被淘汰。

现代社会是一个以美为主题的社会，人们在追求精美物质生活的同时，也在追求优雅的精神生活，当然更要追求文明、优美的名字。而粗野是不文明、不优雅的表现，相信作为父母的您也一样不喜欢粗野的作风，更不喜欢用粗野的字为自己的孩子取名。

三、起名要避免“过大”字

给孩子取“过火”的名字容易使孩子造成一种吹嘘自己、贬低别人或是自贱自己的心态，对孩子的身心成长会有不良的影响。因此，父母给子女起名时，要切忌用“过火”的字取名。

“过火”指超过了合适的“度”，超过了“分寸”。常见的有两种情况：

一是为孩子起名时，夸耀的“过火”，形成“自吹、自擂”，效果不佳，如给孩子起名为：陈万策、卜万科、管万敌、万国权、李万寿，这些“万”字显然是过分夸大了孩子的作为和力量，把自己的孩子看得如此神奇、有威力，其他人的孩子的位置又该如何摆呢？很明显，吹嘘自己与贬低别人是一致的。“李独健”这个名字，说得很清楚。一个“独”字表明，“健”者唯“我”而已，别人是不配享用“健”字的。正是：众人皆病“我”独健，众人皆贬“我”自安，这就是自夸者的心态。

另一类是自谦“过火”，形成“自贱”“自贬”。谦虚固然是好的，但是也应当有个限度，那就是不能违背“实事求是”的原则；违背了这个原则，就会走向反面：不是自贱、自卑式的虚伪，就是变相的骄傲。这里的自谦“过火”形成的“自贱”“自贬”，其实质便是一种“虚伪”，朴实正直的人是很难接受的。如：王拙、刘迂、袁痴、虞愚。他们真的认为自己拙笨、迂腐、愚蠢吗？当然不是。内心不认为如此，却要以此为名，作为招牌行世，这是什么行为？非“虚伪”即“欺骗”，反正不是实事求是。莫我愚，这个名字更有意思，听口气，像与别人“争愚”，而他认为“谁也没有赶上他愚的”，他自然是“争愚”的胜利者了。本来“不愚”，却要装成“最愚”的样子，这不是“假惺惺”又是什么？李慕愚，这个名字很不一般。名字中“仰圣”“慕贤”者多矣，而此人标新立异，却要“慕愚”。“愚”为榜样，“效愚”“学愚”吗？自然又不是。他既然敢于“标新立异”就说明不愚；他所“慕”之“愚”，不是“愚蠢”之“愚”，而是“大智若愚”之“愚”。仰慕“大智”却说“慕愚”，这是一种“狡猾”的技巧，也可以说是“虚伪”的变异。也就是说，这个名字中虽然也用了“愚”字，但它已不属于“白谦”，而是借“愚”说“智”的艺术技巧。因此，“拙、迂、愚”等不一定都是“自谦”词，要具体情况具体分析。

不论是“自吹”还是“自贬”，都是不正常的“过火”的行为。

因此，父母在为孩子取名字的时候，要以“美”为中心，摒弃那些不健康的做法，向着以“真”“善”为生命的“美”的方向发展。

四、拼凑的名字极不严肃

有的父母给自己的子女取名字极不严肃，甚至是东拼西凑，没有经过深思熟虑、反复推敲、精心选字组词制作出来，而是随意找几个字“杂凑”起来的，结果起的名字像个“拼盘”，不但没有任何深意，并且非常不好听。要知道，起名字不是“凑字”。

“杂凑”的名字有如下特征：中心意思不明确；字词的搭配不和谐；字词之间存在着矛盾与混乱现象。

如，田川流，这个名字的中心或主体，是说田、川，还是流？或者是田川、川流？很难说清楚。中心意思不明确，令人不知所云。原因何在？“田”与“川”的关系难以琢磨，是“互补”还是“相克”？关系搞不清，就造成了思维的混乱。这是“杂凑”字起名的通病。

再如陈妙汉，这个名字中“妙”与“汉”很不协调：“妙”一般用于女性，有阴柔美；“汉”一般用于男性，有阳刚美。这二者并列，拼凑在一起，可让人如何理解？是说一个具有女性特点的男子呢，还是一个具有男性特点的女子？似是若非，难以断言。

又如林森火，这名字是什么意思？是林、森都是生火的原料，还是森林需要防火？这两种解释，内容都太单薄、浅陋，显然缺少意味。是林可以发展成森，森又可以化作熊熊大火吗？从事物发展变化的角度去理解，倒是有点味道，可惜太勉强了。这个名字，由于没能处理好“森与火”的关系，造成了费解的毛病。

有的名字，姓与名意思脱节甚至对立，造成了语义的矛盾与混乱。如毛铁桥，“毛”与“铁桥”如何配搭？齐如山，“平齐的山”没有意思，而“像山那样整齐”似乎又不通，“齐”与“山”并存的，这样的名字违背常理，是典型的“杂凑”。

用“杂凑”取名，是极不认真严肃的，其效果自然不会好。因此，父母为孩子起名字时，要多用精力和时间，认真对待，反复推敲才可能取得良好的成果。

五、起名要有性别区分

有些父母由于重男轻女的思想，往往容易将女孩子的名字“男性化”，或者个别喜欢女孩的家长将男孩子的名字“女性化”，这都是不符合起名的学问的。这种“男性化”或“女性化”起名，我们统称为“异化”。它是指女性起典型的男名，男性起典型的女名，在名字上造成性别的混乱。好的名字应当体现性格特点，应当便于社会交流。“异化”名字不符合这些要求，因此不宜提倡。

在现实生活中，的确有一部分性格、气质较特别的人：男子性格柔和、气质文雅、作风细腻，具有女子之风；女子性格刚强、气质粗放、作风泼辣，具有男子之气。这类性格上具有异性特征的人，起名显示出个性特征是可以的，但要适度，不能完全“异化”。

完全“异化”不符合实际，有害而无益。在现实生活中，有不少“异化”的名字，本人的性格并不怎么特别，没有突出的“异化”倾向，起这样的名字就更无道理，更不必要了。

具有明显“异化”倾向的名字是，男子用红、彩、花、香、静、凤之类的字取名；女子用雄、豪、壮、伟、飞、龙之类的字取名。完全“异化”的名字是，男子用女、妹等字取名；女子用男、郎、汉等字取名。这类男名如：王彩凤、瞿彩红、赵继英、林文芳、薛佩珍、曹如玉、侯顺香、于树花、周凤玉、尹雪曼、萧楚女、罗林妹等。这类女名如：吴健雄、朱志豪、马险峰、徐林侠、谢阿蛮、阎宏伟、刘虎成、张龙地、丁鹭飞、李烈、俞雷、苗林郎、熊汉灿等。当前名字的“异化”有发展的趋势，这是需要抑制并促其转化的，父母要引以为戒。

有一位男青年名字叫李小英，父母给他起这个名字，是希望他将来能够成为小英雄，立意不可谓不好。可没想到参加工作后，厂里举行青年联谊活动男女分组，他竟然被分到了女青年组。热心人给他介绍女朋友，女方条件很不错。可姑娘一听他的名字，心里就想：“怎么一个大小伙子起个女孩名字？真别扭，他是不是缺乏阳刚之气呢？”疑惑之下，姑娘连面也不愿跟他见，这事也就告吹了。

生活中，类似的例子不少，这些混淆性别的名字在一定程度上干扰了用名者的正常生活，给人带来不应有的烦恼，同时也使名字失去它应有的意义。因此，性别混淆是父母为孩子起名的大忌，应该努力加以避免。

六、起名革除“陈规陋习”

好名字叫起来悦耳动听，给人以“精美”的感觉，因此，在起名时要忌用表达“丑陋”意思的词语。但是，由于不科学、不文明的陈规陋习和落后意识的影响，用“丑陋”字取名，在我国由来已久，并且流传至今，这是需要认真革除的，也是作为家长应该注意的。

用“丑陋”字取名，有以下几种表现：

1. 用表示“下贱”的家畜命名

受“贱名长命”落后意识的影响，有些地方以“猪狗”作人名。这种做法是对主人的极大不尊，也是对人名文化的玷污，是应当坚决扫除的。如现代人仍有宁猪狗、郭狗狗、赵阿狗以及周驴驹、贾毛猴之类的名字，这与当今讲文明、爱美的社会风尚极不协调。

2. 用“丑陋”的事物或现象命名

用令人不快的动物命名。

用令人厌恶的毛虫命名。如甘蝇、汤蠖、张蚝、梅虫儿等。

用令人不快的现象命名。如牛牢、樊篱。樊篱指鸟笼子。比喻不自由的境地。

“丑陋”是“精美”的对立面，父母要为子女起的是“美名”，当然要忌用表达“丑陋”意思的字词。

七、起名要避开“凶坏”字

用“凶恶”字为孩子取名字，是违背人们的意愿的，是一种悖谬行为，应当终止。在科学技术日趋先进的现代社会里，尽管人们的安全感已经提高了、增强了，但如果给孩子取这类名字，给人们带来的总是不安与不快，而绝不会有丝毫的安乐与欢乐。

过去用“凶”“坏”字取名，主要表现在两个方面：

一是用“病疫”字取名，如范痤、石痴、宿瘤女以及王伛、陈橐等。这些名字不仅表明了身体的病态，而且造成了精神的压力，使人难得开心一笑。扫除这类名字，减轻身体欠佳者的心理负担，提高他们战胜疾病的信心和勇气，这才是应有的人道主义态度。

二是用“凶祸”字取名，如元凶、朱邪、郭老虎、许赤虎、王黑、乌云、黄天等。这类名字，有的是“洪水”“猛兽”，威胁着人们的生命与安全，是人类的大敌；有的是大难不死的幸存者，对灾祸心有余悸；有的则有直接以“凶”“邪”的面貌出现，原意似乎是“以凶对凶、以邪治邪”，但无意间又给人们的心灵带来了阴影，令人担惊受怕，难以安生。

凡是表现“凶恶”而又对人类有害的东西，都应归于“凶”“坏”的范畴。“凶”与“坏”是人们的冤家对头，父母在给孩子取名的时候，应当摒弃不用。

八、用祖先和前辈的名字不尊不敬

华夏子孙起名，一般避免用祖先的名号，其一是汉族传统极讲辈分。以祖先名字为名，不但打乱了辈分的排序，而且会被视为对祖先的不敬；其二是由于汉族的特殊性决定的。

汉姓，首先是承继父姓，然后起一个本人的名字，而某些少数民族或外国人，有本名、父名或本名加母姓、父姓。而法国人的姓名通常为三段，即本名，加母姓，加父姓。如果汉姓名在承继了父姓以后，再加上祖先的名字，那么两者就没有丝毫区别了，这样你根本无从分辨李四这个人到底是爷爷还是儿子了。

在封建制度下，人们不仅要“尊祖敬宗”，而且要奉为至尊，即使直呼君主的名字也是大逆不道。清代的雍正、乾隆时，仅凭这一条就可以处人死罪并殃及九族。于是这种忌讳便被称为“国讳”。如唐朝人因避唐高祖的祖父李虎之讳，把成语“不入虎穴，焉得虎子”改为“不入兽穴，焉得兽子”，把“画虎不成反类犬”改为“画龙不成反类犬”，清朝乾隆皇帝不允许百姓家门楣上贴有“五福临门”，因为他的祖上顺治皇帝的名字叫“福临”。但就现代人而言，仅就姓名论，一般不以伟人、名人的姓名字命名。但有人因崇敬某一伟人或名人，特意取其名为名，而姓不同，比如肖子龙，王云长，但最好不要叫赵子龙、关云长。

九、用生冷字起名会让人看不懂

我们知道名字是供交际使用的，否则，名字就失去了存在的价值。当今是计算机的时代，绝大多数计算机储存的汉字仅限于常用字。如果命名时，使用一些生僻字，一般人不认识，必定影响了人与人之间的交际。命名使用生僻字，只能白白增加别人工作的难度，给人增添麻烦。

如果当你去某个部门申请工作时，主管领导看了你的履历表后，如果认不出你的名字，那么对你的印象也是比较模糊的。如果他在叫你时，把你的名字读错又经你纠正，这场面可能会使领导尴尬，领导会觉得失了面子而窘迫甚至恼怒，你也可能会因为领导连你的名字都不认识而生轻视之心。日后在上下级相处过程中，就可能发生一些不协调、不融洽的现象。

当然了，命名固然要避免俗套和雷同，但不能靠使用生僻字来达到目的。使用生僻字，既影响形象，又妨碍交际，可谓得不偿失。

十、用多音字起名会含混不清

汉字中的姓氏多半属于单音字，也有个别姓氏属于多音字，比如：覃、乐两字。这种姓氏在交际时可能会造成麻烦。如果说姓氏的多音是无可奈何的事实，那么，名字的拟定是完全可以避免这种麻烦的。

有这样一个故事，有一个学生叫乐乐乐，老师上课时却不知该怎么叫他，居然让这个名字给难住了。这个名字的三个字都是多音字，可有八种读法，不知这个学生的父母是成心跟整个社会过不去还是出于别的心思，竟给儿子起了这么个名。一个名字居然有八种读音，在交际场合如何使用呢？到头来别人想叫不敢叫，唯恐叫错了被人耻笑，吃亏的还是自己。别人叫不上来，可以不叫，可以避开。一个人的名字如果别人不叫，不使用，那么这个名字又有什么意义呢？

因此，在取名字时应该尽量注意回避使用多音字。如果要用，最好通过连缀成义的办法标示音读。例如：崔乐天、孟乐章。前者通过“天”说明“乐”当读乐 lè，后者通过“章”说明“乐”读 yuè。也就是通过最后一个字的意义告诉你应读哪个音。

十一、不要用不雅的谐音起名

一些人的名字，从表面上看好像非常高雅，但由于读起来会与另外一些不雅的词句声音相同或相似，很容易引起人们的嘲弄和谐谑，成为人们开玩笑的谈资，产生某种滑稽的喜剧效果。

这种词语可分为两类：一种是生活中的某些熟语，另一种是贬义词。例如：辛文（新闻）、宫岸菊（公安局）、蔡道（菜刀）、卢辉（炉灰）、何商（和尚）、陶华韵（桃花运）、李宗同（李总统）、汤虬（糖球）、包敏华（爆米花）等。

还有一些名字易被人们误解为贬义词，如：白研良（白眼狼）、胡礼经（狐狸精）、沈劲兵（神经病）、杨伟（阳痿）、徐伟（虚伪）、朱菲（猪肥）、吴廉（无脸）等，谐音变成了绰号。可见，家人给孩子命名时，如不慎重，很容易给儿女造成沉重的心理负担，到那时后悔也来不及了。

明代冯梦龙《古今谈概》曾收辑了许多这类笑话，一则题目叫《贾黄中、卢多逊》，说的是宋朝初年，有两位叫贾黄中和卢多逊的人，都在衙门帮事。一日，京城中蝗虫横飞，卢多逊笑着对贾黄中说："我听说这些都是'假蝗虫'（贾黄中的谐音）。"

贾黄中见他在取笑自己的名字，也不示弱，接口说遭："我也听说它们不咬庄稼专吃芦苇。所以对农田无害，只不过'芦多损'

（卢多逊的谐音）罢了。”

这则笑话只不过是两位官员利用名字的谐音各逞文才、互为讥讽，或是官僚文士们茶余饭后偶博一笑的游戏之作，但也有些人因不雅谐音而丢官失财的。

从前，福建兴化县有人名叫能柏材，博学多能，并深通簿记，擅长理财，可是各公司商号都不敢用他，为什么呢？原来此公的姓名连读谐音为“能破财”，让他做账房先生，当然是非常忌讳的。所以此公虽腹有奇才，但美志最终难以获聘，抱恨终身。

还有一个人叫全培光的商人，虽然他也懂得和气生财、薄利多销等生意经，但是因为姓名的谐音“全赔光”，所以引起人们的各种联想和猜疑，影响了他的生意，最后愈来愈难维持，真的赔得一塌糊涂。

十二、用单调重复的字起名让人乏味

有些人命名，喜欢利用汉字的形体结构做文章。例如：石磊、林森、聂耳这三个名字即是此例。这种命名的审美效果颇佳，可惜我们的姓氏能如此利用的微乎其微。而且即使石、林、聂三姓，也不可能人人都使用这种方法。

在运用字形命名时，过去有两种方法，一是拆姓为名，另一是增姓为名。

所谓的拆姓为名是指取名时截取姓的一部分作为名，或者把姓分割为两部分作为名。如商汤时的辅弼大臣伊尹，其中就是取姓的一部分“尹”而构成的，此外现代著名音乐家聂耳，著名作家舒舍予（老舍）、杨木易也都属此类。另外还有雷雨田、何人可等也是将姓拆为两部分作为名的。古代有些人将名剖分为字，如明代的章溢字三益、清代的尤侗字同人、林佶字吉人、毛奇龄字大可等。

还有些人是将姓名剖分为号，例如清代的胡珏，号称古月老人，徐渭号水月田道，即是分名入号。

所谓的增姓为名是指在姓的基础上再增添一些笔画或部首构成一个新字成为名，如王匡、林森、于吁、金鑫、李季等。

《镜花缘》第八十六回侍女玉儿讲了这样一则故事：

有一家姓王，兄弟八个，求人替起名字，并求替起绰号。所起名字，还要名如其人。一日，有人起名道：第一个，王字头上加一点，名换王主，绰号叫作“硬出头的王大”；第二个，王字身旁加一点，名唤王玉，绰号叫作“偷酒壶的王二”；第三个，就叫王三，绰号叫作“没良心的王三”；第四个，名唤王丰，绰号叫作“扛铁枪的王四”；第五个，就叫王五，绰号叫作“硬拐弯的王五”；第六个，名唤王壬，绰号叫作“歪脑袋的王六”；第七个，名唤王毛，绰号叫作“施尾巴的王七”；第八，名唤王全，玉儿说到此处，忽向众人道，这个全字本归八部，并非人字，所以王全的绰号叫作“不成人的王八”。引得众人捧腹大笑。这些方法都是利用形的离合变化，来增添命名的趣味性。

有些人取名时喜欢将姓名用部首偏旁相同的字，并将此作为一种命名技巧来推广，如李季、张弛，这种技巧实际上不值得提倡。

如果姓名三个字的部首偏旁完全相同，就会使人产生一种单调之感。特别是当你在签名时，就会更强烈地感觉到，偏旁部首相同的名字，如江浪涛、何信仁等，不论如何安排布局，都有一种呆板单调之感，不会产生变化多姿、曲折交替、气韵贯注的美学效果。

既然我们是用汉字取名，就不仅要考虑意义上高雅脱俗的抽象美，而且还要注意书写时变化多姿的形象美。

十三、“绕口”起名会令人心烦

一些名字读起来费劲、听起来吃力，弄不好就会读错、听错。原因何在？取名用字拗口，几乎成了“绕口令”，如沈既济、夏亚一、金镜清、周啸潮、胡富芬、耿精忠、姜嘉锵、张昌商、陈真仁、胡楚父、陈云林、吕励芝、傅筑夫等。这些名字，有的连用两个同声母字，如亚一、金镜、富芬、姜嘉、吕励等，有的连用两个同韵母字，州仇、夏亚、镜清、啸潮、胡富、励芝等。

前一种是双声，后一类是叠韵。有的连用两个同音字，如既济；还有的三个字同韵，如张昌商、陈真仁、胡楚父、陈云林、傅筑夫等；还有的三个字中有一组双声字一组叠韵字，即双声、叠韵交叉。如夏亚一的前两字为叠韵；胡富芬的前两字为叠韵，后两字为双声；吕励芝的前两字为双声，后两字为叠韵；姜嘉锵的一二字为双声，一三字为叠韵。

由上述分析可知，所谓“绕口”字，主要是指双声字、叠韵字和同音字。由于声母相同的字，连读起来发音费力；韵部相同（即韵母的主体部分相同或相近）的字连读，发音也较困难；所以，双声叠韵是造成“绕口”的主要原因。同音字是声母、韵母都相同的是字，也可以看作是双声叠韵的一种特例，因此连读同音字更加拗口。

这样看来，忌用“拗口”字起名，主要是指不用双声、叠韵字起名。掌握了这个规律，起名时只要注意一些，就好办得多了。符合音律美标准的命名，应当是名和姓的声母不同组，韵母不同类。

如果名和姓同组，甚至完全相同，只要处理好韵母的关系，效果也很好；反之，名和姓同类，甚至完全相同，那就要在声母上下一番工夫。例如：彭宾、娄林、张晨、余宽、方川等。

十四、过于时尚的字要少用

在历史的任何阶段，总会涌现出一些极为时髦的名字。如果命名时追逐这样的字，不仅会让人觉得俗不可耐，而且这样的名字，也容易重复。比如，20世纪50年代的“建国”，70年代的“卫东”，可以说遍及大江南北；“李建国”“马建国”“陈建国”“王卫东”“刘卫东”“赵卫东”……又可谓千人一面。

还有，中国人还是不要起过于洋化的名字为好。中华民族的子孙是文明古国的传人，我们的民族有着自己的伦理道德、审美意识和文化价值，所以不应该轻视自己。特别是在命名上，要显示、保持民族特色。民间认为，选用近于洋化的名字，如约翰、玛丽、丽莎、安娜等，当时还是一种时髦，但在日后的社会变迁和人际交往中，可能会给对方心理上造成一种轻视和不快的印象。当然，这是文化方面不同的一种误解，但这种误解也可能会影响一个人的机遇，为了追求一时的时髦而付出这样的代价，无论如何都是不划算的。

十五、忌用“禁区”里的字起名

名字的“禁区”有的是社会约定俗成的，有的则是字义的限制，有的从属于自身的社会观念和审美意识，所以有一些字便成了名字的“禁区”。

某些表示秽物和不洁的字一般不入名号。但某些人或某些地区有给孩子起“贱名”“丑名”“脏名”的习俗，为的是让孩子不为妖魔光顾，便可消灾免祸、长命百岁。其实这是一种迷信。某些表示疾病和不祥的字，一般不入名。

人体的部位器官名称一般不入名。但有的也入名，甚至常人名。春秋有重耳，秦汉时有赵王张耳，战国楚怀王名熊心，当代有著名作家刘心武。不过，这些人体器官的字都是与另字相配合而另有新义的，与人体器官的意义已大不相同。

某些令人不快的动物的名称不宜人名。比如甘蝇、汤蚝、毛鼠等，但有些动物除外，比如金豹、文虎、平鸽、小燕等。

大部分元素名称不入名，但又有五种常入名，如：金、银、铜、铁、锡；取名为金玉、铁生。

表示辈分的称谓字，一般不入名，当然有个别除外，如“子”，用作人名的为数不少，比如，赵子亚、陈子龙等。

文艺作品典型人物的姓名也多为后人不取，某些典型人物的姓名与其代表的特定含义已成为中国文化的一部分，有固定含义融合在里面。像陈世美，名字即使好听，但他已成为负心汉的代名词，像这样的还有秦桧、赵高、妲己、李莲英等，相信没有人会喜欢用这样的名。

除以上几类外，当然还有许多字、词不便或不宜人名。姓名禁忌，实际上包罗万象、博大精深，包含着政治、文化、习俗、心理等许多内容。

第五章 美名是人的骄傲

宝宝起名技法解析

当宝宝出世时，年轻父母刚刚成为父母之时，总翻开厚厚的辞海、辞源搜肠刮肚，绞尽脑汁试图为自己宝贝起个好名字；但是，却常常给孩子起不出好名字。其实，起名是一种创造性的智力活动，需要掌握一定的技法。

一、借石攻玉法

《诗经·小雅·鹤鸣》有句云：“他山之石，可以攻玉。”这就是说借别的山上的石料，可以琢磨玉器。起名也应借助外力，兴意联想，展开构思。

这“外力”或“他山之石”在哪里呢？古人的好名字，现代人的好名字，甚至外国人的名字，有缺点的名字，只要能启发思维，引起联想，推动构思，就是可以助你成功的“他山之石”。这种由借鉴生发联想、启动思想、展开构思、推动美名制作的方法，就是借石攻玉法。

例如，有一个名字叫“水同天”。这是一个从水与天的关系入手，构思出具有诗情画意的名字。我们由此可以提炼出一种“关系”构思法，引导起名的构思活动。

例如，某人姓江，江与山关系密切，江姓的名字就可围绕江与山的关系展开联想，选择恰当的词语，构筑优美的名字。

因此，围绕江与山的关系，可以生出的名字有：

江照山：江水化作一条明镜，将两岩山峦的夜景映入其中，有时清晰，有时朦胧，颇为迷人。

江含山：俯视江水，水中有山，山中有景，山景如大江口中含着一颗明珠，闪耀着迷人的光彩。

江崇山，江依山：江依山而奔腾，山临水而峭拔，仿佛耸入云霄的山峰，是被大江捧起来的，这就是对大江对山的宠爱。因“宠”而高，转化为崇山，义含双关。

江碧山：一道碧水，两岸青山，互相映衬。

由“水同天”作“他山之石”，一气攻下了江映山、江照山、江含山、江崇山、江碧山五种闪光的“玉石”，这就是借石攻玉的起名方法。

但是，这一方法起名切忌生硬模仿。生硬模仿不是“借石攻玉”，而是“化石为灰”。

起名字如同作诗填词，可以借鉴赋、比、兴手法进行构思，或者说可以假借外物，意兴联想，展开构思。

那么，起名时可以假借的“外物”或“他山之石”来自哪里呢？

这里的回答是：来自古人的好名字，现当代人的好名字，甚至是外国人的好名字。一句话，只要能够启发思维、引起联想、推动构思的进程，带来起名的灵感，那么就是可以助你一臂之力的“外物”或“他山之石”。这是一种由借鉴生发联想，推动起名的构思技法。

比如，有人名叫“水天一”，是从水与天的关系入手，构思的一个具有诗情画意的名字，令人不禁想起初唐诗人王勃《滕王阁序》里的名句：“落霞与孤鹜齐飞，秋水共长天一色。”想象一下，在天水一色的青碧之中，红霞在飞动，孤鹜在翱翔，深蓝的天际中一红一白，色彩对比鲜明，无生命的霞与有生命的鹜在水天一色的青碧中齐飞，构成的是一幅何等美丽动人的图画！“水天一”这个名字就是以借助古代名句用来“攻玉”的。

二、反向思维与三象组合

借石攻玉是把过去已有的名字，当作借鉴参照，进行“正向”思维的，即由起点至终点。如果把思维程序倒过来，再由终点返回到起点，这种思维方法可称作反向思维法。运用反向思维法，也可以构思出独特优美的名字来。

比如“水同天”的思维起点是“水”，终点为“天”。“江映山”的起点是“江”，终点为“山”。这二者都是“正向”思维的起点。把思维方向倒置过来，就要由“山”出发，再把思维终点落到“江”上，这就是反向思维。

按照“山一江”的思维方向，可以拟出如下一组名字。

山扶江：两岸的高山沿江而立，仿佛扶持着江水一泻千里；山与江共作一幅画，同唱一支歌。

山奉江：威严的群山，捧出一条奔腾的大江，仿佛牵出一条呼啸的蛟龙，喷云吐雾地活跃在大地上。

山育江：山为水之源，江为水之汇；是群山汇水养育了大江，江水中流淌的正是山与江的母子之情。

山作江：江河是四面群山的得意之作，江之根在山巅，江之脉连着每一块山石。譬如作画，只管画山，峰与峰间留下一条曲折蜿蜒的缝隙，那便是山溪，那就是江河的源头。

山海江：群山培育了江河，江河汇入大海，江河就成了联结山与海的纽带。地球上最壮观的景象：雄伟高峻的山，浩渺无垠的海，喧啸奔腾的江，手挽着手，联袂构成一幅无比壮丽的图画。这是一个视野开阔、胸怀宽广、联想丰富的好名字。反向思维是开辟新领域的思维，用这种方法起名字，一般不会产生“模仿”之类的弊病。实践证明，它是一个行之有效的命名法之一。

在反向思维中，“山海江”这令名字中组成的三词都具有鲜明的形象。这样，把表示具体事物或鲜明形象的三个词组合起来可编出一系列形象生动、各具神采的名字，就是三象组合起名法。例如：

李雪涛：李花盛开满医白，恰如雪涛滚滚来，有气势，有意境，令人称道。

杨柳风：春光明媚，风摆杨柳，轻柔舒展，舞姿翩翩；杨柳风吹而不寒，爽身惬意。

石玉林：是石林？是玉林？石林玉林难区分。石中蕴玉，玉中含石；天然杂混，尚未开发，就称石玉林。名字中鸣响着弦外之音。

江璧月：光洁如璧的圆月映入江水，飞金耀鳞，忽圆忽碎。江月来自“天月”，又与“天月”大不相同，其间蕴含着一番道理。

方正平：方方正正，四平八稳。只有方才有正，只有正才能方，它们之间是互相依存的。

花蝶川：花蝶川，花蝶川，花蝶满川，香满川，好一个醉人的世界！

路云天：大路通云端，白云游长天；路远云相助，路高接蓝天。好一幅乘云登天图！

牛马山：牛成群，马成群，满山牛马不见人，小河流水草茵茵。

雷雨田：雷送雨，雨浇田，田中禾迎风笑，雨调风顺又是一个丰收年。

谷粮川：在地为谷，收获为粮。辛勤的庄稼人，迎来五谷丰收的好年景，粮满囤，粮满仓；公路上的汽车河中的船，来往运送的是粮。谷粮川，遍地粮。

由三个形象的字组成的姓名，具有形象鲜明、启发联想、内容丰富、蕴含哲理等特点，是美名制作的一条重要途径。

动用三象组合法制作名字，应当注意如下三点：

第一，姓氏必须是形象具体、鲜明或意义明确者，否则不符合“三象”的要求。

第二，“三象”之间要有必然的内在联系，互不相干的“三象”不能组成好的名字。

第三，构成“三象”的词语多数是表示具体事物的名词，少数是表示形态、色彩的形容词。选词时，应充分重视这一特点。

三、写生寄意法

这里的“写生”，是指对自然景物和社会风物的描写，包括山川、湖海、城乡、天气、风云、星月、花木、建筑、禽兽、宝器等。通过这类写生，寄托主人的情怀，这是起名字常用的方法。

要想运用好写生寄意法，必须以熟悉并掌握大量的写生词语为基础。

比如，写山的常用词有：崇山、碧山、春山、秋山、苍山、青山、远山、雨山、雪山、雾山、奇山、玉山、高峰、险峰、奇峰、雪峰、云峰、剑峰、峻峰、峥嵘、巍峨等。

写河的有：大河、长河、黄河、小河、长江、大江、大川、春江、秋江、清江、江涛、江流、江波、大波、清波、洪波、洪流、洪涛、碧波、碧浪、微波、细浪、烟波、烟涛、雪浪、巨浪、春溪、春泉、清泉、甘泉、山泉、玉泉、银泉、银沽笺。

写湖海的有：平湖、秋湖、镜湖、晨湖、春湖、清池、玉池、碧潭、春潭、秋潭、荷塘、清塘、沧海、碧海、明海、金海、海波、海涛、海光、海日、海曙、海华、海潮、怒潮、高潮、春潮、浩荡、浩瀚、浩渺、波澜、涟漪、澎湃、海啸、蔚蓝等。

写原野的有：平原、高原、山原、绿原、荒原、古原、草原、雪原、芳原、绿野、旷野、秋野、冬野、山野、平畴、林海、茂林、长林、桃林、杏林、金林、玉林、春林、秋林、枫林、松林、竹林、森林、椰林、绿林、田野、沃野、田畴、田园、良田、梯田、水田、菜田、麦田、稻田、麦浪、麦香、稻香、粮川、谷川、水泽、山泽、春泽、秋泽、山路、高路、大路、云路、金路、玉路、水路、长路、大道、铁道、坦途等。

写城乡有：江城、水城、山城、雪城、泉城、玉城、洪城、荣城、春城、花城、海城、古城、新城、油城、铁城、钢城、煤城、乐城、山村、渔村、牧村、雨村、山乡、渔乡、水乡、金乡、玉乡、米乡、故乡、梦乡、家乡等。

写天气的有：晴空、碧空、艳阳、晓阳、蓝天、高天、青天、苍天、春风、春雨、春云、雾霭、紫烟、清露、朝霞、细雨、雨露、甘露、彤云、碧云、青云、云飞、云开、秋云、冬云、春温、春暖、秋凉、秋爽、小雪、瑞雪、雨霁、雪晴等。

写风云的有：晨风、清风、和风、海风、晚风、轻风、惠风、金风、热风、寒风、雷鸣、雷震、彩虹、红霞、云霞、霞光、秋霜、晨霜、霜天、霜月、霜叶、霜花、白露、玉露、寒露、飞雪、雪花、雪松、雪峰、雪山、雪梅、雪岭、雪晨、严冰、玉冰、寒冰、冰雪、云海、云山、云天、云水、云路等。

写星月的有：群星、明星、晨星、金星、银星、寒星、星河、星汉、星云、北斗、银河、七曜、红星、皓月、明月、满月、秋月、新月、江月、海月、山月、林月、璧月、星月、月光、月华、月明、月亮、月辉、月升、月桂、朝阳、骄阳、旭日、红日、赤日、日光、阳光、晨曦、晨辉、晨光、春阳、冬阳、东辉、光辉、金辉等。

写花木的有：兰花、荷花、莲花、桂花、菊花、梅花、碧莲、翠莲、金兰、玉兰、桂馨、桂香、金菊、翠菊、冬梅、红梅、雪梅、春梅、桃花、春桃、杏花、玉杏、梨花、牡丹、玫瑰、葵花、繁花、百花、红花、凌花、琼花、蓓蕾、芳草、碧草、春草、香草、劲草、绿茵、花涛、花海、花季、花信、花香、青松、白杨、白桦、杨柳、春树、松涛、翠柳、苍松、翠松、松林、竹林、茂林、梅林、椰林、森林、樱桃、荔枝、凤梨、丁香、金果、松果、金叶、金桔、银杏等。

写建筑的有：广厦、玉楼、金城、金亭、玉亭、华亭、美亭、香亭、翠亭、水亭、江亭、山亭、云亭、松亭、宝亭、书阁、清阁、金阁、玉阁、树阁、建阁、风阁、高阁、宏阁、美阁、金台、玉台、阳台、贵台、瑞台、福台、天台、云台、天坛、香坛、杏坛、云坛、宝坛、金堂、贵堂、礼堂、美堂、寿堂等。

写珍禽异兽的有：仙鹤、天鹅、凤凰、孔雀、大鹏、鸿雁、百灵、画眉、杜鹃、鹦鹉、鸳鸯、八哥、喜鹊、春燕、海燕、天鹰、飞虎、山虎、林虎、健虎、金虎、金彪、雪豹、锦豹、金豹、良骏、家驹、天马、龙驹、蛟龙、飞龙、金龙、黄龙、云龙、翔龙、麒麟、锦麟、金麟、玉麟、翱翔、驰骋、腾云、啸林等。

写珍宝玉器的有：金凤、金鸾、金龙、金雀、金马、金刀、金台、金钏、金钗、金杯、金镜、金钟、玉玺、玉佩、玉环、王龙、玉兔、玉风、玉珠、玉琴、玉砚、玉镯、玉璞、玉珏、玉笛、玉箫、宝玉、珍珠、珊瑚、琼瑶、明珠、宝石、墨宝等。

选取适当的写生词语，联合姓氏进行艺术加工，就可制成优美的名字。

如高山晴：高山一样的深情，用“晴”字比直接用“情”字更含蓄，更富深意。

杨春梦：阳春时节，良辰美景，心潮翻滚，美梦联翩。

梅香亭：梅花簇簇笑脸迎，梅香阵阵溢满亭；观梅闻香亭史，熙熙攘攘闹春风。

史存阁：万卷史书阁中存，欲览青史常登临；个人之“史”何处寄，能否入阁传后人？

陆芳原：芳草春树原野葱郁，大陆无边，碧云接天。

谢大鹰：“谢”取“射”的语义。挽强弓，射天鹰；灭劲敌，显神威。

但是以写生词语为基础制作名字时，应出“新”出“巧”，避免俗套和雷同。

四、金声玉振法

金声玉振是指撞金击玉时发出的清脆悦耳的声音。用金声玉振法起名字，就是让名字具有音乐美；呼唤名字，如同金声玉振一般。名字的音乐美，主要体现在两方面：

一是词语描绘的音乐美，如钟长鸣、邱金声、杨银声、罗振玉、李鸣呵、林月琴、周凤鸣、金剑啸、管松涛、杨鹤声等，这是语义上的音乐美。

二是语音铿锵，朗朗上口，读起来抑扬顿挫，轻松舒畅，如鸣琴弹曲，赏心悦目。如丁文昌，声调为一二一，音响为高、中、高，既响亮又富于变化，还具有回环美。再如王力生：二四一，高、低、高，王克勤：二四二，中、高、中；石宝源、刘志丹：二四一；孙占元：一四二；杨克冰：二四一；张骏祥：一四二；李惠明：三四三；陈树湘：二四一。

这些名字在语音上的共同点是：相连的两个字声调都不相同，即声调是一条变化曲线，就像乐谱的音符不断回环变化一样。相连的两个字音响的档次大都不同，造成声音的语音的轻重变化。多数名字的中间字取弱音，末尾字取较响的语音。这样不仅音美，而且使用的名字，从语义到语音都具有金声玉振之美，即具有音乐美。例如：

燕银玲：四二二，次、中、高，燕子的歌唱如银铃般清脆。

龙吟潭：二二二，蛟龙兴发，在深潭中长吟。

童音甜：二一二，甜美的童声从林荫那飘来。

柳笛颂：三二四，中低高，欢快的柳笛唱早牧童的颂歌。

林漱泉：二四二，林间飞出一股清泉，冲荡着山石，滋润着草木。

杨海声：二三一，杨林茫茫，大风吹来，掀起海涛般的浪潮和滚雷似的响声。

雷鼓钟：二三一，如擂鼓，似撞钟，长空鸣响，声声振奋。

金玉鸣：一四二，金声清脆，玉声悠扬，金玉合鸣，荡人心胸。

秦歌洪：二一二，陕北甘肃一带的歌曲，声音高亢、洪亮、激动人心。

曲鸣奏：一二四，是曲鸣奏，还是奏鸣曲？乐曲在耳喜在心，声声阵阵多惬意。

金声玉振法起名，有很强的音乐美。过去这种方法未被重视，起名者不妨一试。

五、美德润名法

中华民族是崇尚美德、注重修养的民族，古人把“立德”看作人生的不朽之举，因此，以美德润名也是我们的民族传统。

美德有多种形态，以美德润名也就表现出众多的方式，如：

修德类：徐敬德、姚希德、李德裕、元德明

性情类：唐仁爱、梁厚祥、赵和义、李静田

景仁类：卢怀仁、贺德仁、黄景仁、王守仁

尚义类：卞思义、史申义、刘义隆、王义山

秉忠类：赵秉忠、郑本忠、吕大忠、白履忠

效道类：朱崇道、杨宏道、刘师道、卢思道

效贤类：杨景贤、冯行贤、李齐贤、来汝贤

希良类：张希良、吴子良、沈良才、何良俊

行孝类：沈思孝、李孝光、方孝孺、王孝泳

扬善类：王从善、陆登善、华善继、钱惟善

笃信类：赵执信、王德信、孙惟信、方信儒

立志类：王志贤、丘志广、金志章、班惟志

建业类：吴伟业、宋聚业、沈业富、张继业

居正类：薛居正、张红正、王举正、周弘正

重行类：李修行、王道行、申明行、江行敏

守真类：朱淑真、陆法真、马守真、颜真卿

遵礼类：秦崇礼、葛守礼、王安礼、李秉礼

养廉类：王思廉、蒋如廉、钱养廉、蔡克廉

树谦类：姚培谦、史承谦、钱谦益、王光谦

敬贞类：王世贞、白乃贞、张嘉贞、杨贞吉

贵和类：万士和、陈德和、张志和、夏伯和

好学类：方学渐、徐学诗、戚学标、沙可学

倡思类：王思顺、朱思本、何思澄、柯九思

喜敏类：曾敏行、宋敏求、林敏修、徐时敏

除此之外，还有赞直、怀朴、悦诚、咏纯等取名类型。

现代人除了沿用以上28个美德词润色名字外，又兴起了勤、俭、刚、毅、勇、健、楷、模、范、美、敦、厚、慈、恭、让、谅、高、正、香、洁、慧、亮、友、助、济等25个美德词。

这53个美德词，就成为今后起名字的一条重要思路。像武心洲、许绍高、杨正刚等，都可以说是沿着这条思路命名的。

六、个性塑造法

要想使名字成为个人独有的语言文字标志，最好的办法就是体现主人的个性特征。个性塑造法就是将主人与众不同的独特之处摄入名字之中，让人观其名便识其性，见其人便知其名，使名字在与主人的高度统一中获得永久的生命力。

取名显真，显神，显实，显异，是个性塑造的基本途径。人的个性是客观存在的，只有显真才能体性；个性不是皮毛的外表，而是深入于精神气质之中，只有显神才能体性；个性不是粉饰装潢的产物，而是原汁原味的本色，只有显实才能体性；个性不同于他人的本质属性，只有显异才能体性。

常见的个性鲜明的名字，有以下三种类型：

1. 突出性格特点

例如，李直夫、王铁夫、石忠汉、王诚汉、周洁夫、周至柔、沈尹默、沈柔坚、周硬生、于黑丁、吴冷西、何长工、郭德洁、汪性天、施性谋、刁凿齿、康玄辩、陆侃如、苗神客等。

2. 突出爱好追求

例如，苗竹贤：仰慕“林竹七贤”。

焦菊隐：隐于菊苑，做品德高洁的君子。

陶诗言：陶渊明诗歌的崇拜者和实践者。

赵绿吟：不慕鲜艳，特别偏爱象征生命力的绿色。

韩劲草：愿做不畏严寒，不怕狂风的劲草。

马健翎：要做翎毛强健的飞马。

贾平凹：填平坑坑凹凹，沟沟坎坎，开拓平坦的康庄大道。

金开诚：坚信精诚专一，就会攻克难关，精诚所至，金石为开。

罗工柳：酷爱艺术，专攻柳体书法。

李公朴：做人民大众的公仆，这是最崇高的理想。

张镰斧：举起镰刀锤头的旗帜，建立工农武装，为人民打天下。

墨遗萍：墨子重实践，贵“兼爱”，愿做继承与发扬墨家遗风的一棵小草。

3. 标新立异，以奇取胜

例如，朱买臣、沈冰壶、员半斤、魏了翁、莫是龙、贯云石、萨空了、苏井观、吴浊流、李不韪、钱若水、胡焦琴、牟野云、六龄童等。

在个性塑造法命名中，一般应在主人个性已经形成或已有充分显示的前提下施行，初生的婴儿及幼儿，用此法命名困难较大。

七、巧用典故法

历代文人都喜欢在诗文词曲里运用典故，以求诗文含蓄、典雅、富有说服力、表现力，典故是指我国典籍中出现的有意义的故事和有出处的词话，运用典故是我国的文化传统之一，它也是提高名字的文化素质和审美素质的重要途径之一。

例如，唐代诗人孟浩然，“浩然”出自《孟子·公孙丑》“我善善养吾浩然之气。”浩然之气指纯正博大而又刚强的气质。

清代画家、书法家、诗人郑板桥，“板桥”出自唐代刘禹锡的《杨柳枝》“春江一曲柳千余，二十年前旧板桥。曾与美人桥上别，恨无消息到今朝。”借“板桥”讽刺世态炎凉。名字与其画风一致，耐人寻味。宋代词人周邦彦，字美成。“邦彦”出自《诗经·郑风·羔裘》：“彼其之子，邦之彦兮。”邦彦，指国家的优秀人才。“美成”出自《论语·颜渊》：“君子成人之美，不成之恶。”美成，即成人之美。

唐代诗人羊士谔，“士谔”，出自《史记·商君列传》：“千人之诺诺，不如一士之谔谔。”士谔，敢于直言的忠诚之士。

巧用典故法在现代人起名中得到了推广，不少文人采用这种方法命名。例如：

王朝闻：“朝闻”出自《论语·里仁》：“朝闻道，夕死可矣。”表示决心以拚死闻道的精神求知求真。

朱自清：“自清”出自《楚辞·卜居》：“宁廉洁正直以自清乎？”表白自己以廉洁正直自律，做自清自尊的人。

梦图南：“图南”出自《庄子，逍遥游》：大鹏由北冥起飞，“绝云气，负青天然后图南，且适南冥也。”图南表示既定远大目标。

王利器：“利器”出自《汉书·刑法志》：“工欲善其事，必先利其器。”意思是要想提高效率，做好工作，必须先备好工具，就像砍柴先磨刀一样。这里强调了“利器”的重要性。

谢冰心、沈冰壶：“冰心”“冰壶”出自唐代王昌龄《芙蓉楼送辛渐》诗：“洛阳亲友如相问，一片冰心在玉壶。”冰心：晶莹洁白如冰之水；冰壶：深藏冰心的高洁透明和玉壶，比喻人内外皎洁，品质高尚。

胡乔木：“乔木”，出自《诗经·伐木》：“出自幽谷，迁于乔木。”乔木是高大的树木，这里比喻人格。

刘白羽：“白羽”出自唐代卢纶《塞下曲》：“平明寻，白羽，没在石棱中。”白羽，杆上带有白色羽毛的箭，这里指能射穿青石的利箭。

未央：“未央”出自《诗经·小雅·庭燎》：“夜如何其？夜未央。”未央即未尽，表示创作的道路正长，以此自勉。

邓散木：“散木”出自《庄子·人世间》：木匠认为“栎社树”是无用之材，称之为“散木”。借此为名，以表白自谦。

王庄重：“任重”出自《论语·泰伯》：“士不可以不弘毅，任重而道远。”任重，责任重大。

从以上例子可以看出，借用典故命名有两种情况：一是借典用故，强化原意。如孟浩然、羊子谔、王朝闻、朱自清、王利器等，都属这一类。二是借“故”发挥，赋予新意。如楚图南、胡乔木、刘白羽、未央、邓散木等，都属于这一类。

这两种倾向虽立意不同、侧重点不同，但表达效果是相同的，前者的典故本身就表达了主人想要表达的思想、含义，而后者的典故则是通过“再用”，即引申后表达主人想要表达的思想，都体现了主人的价值导向、人生观、世界观、处事态度和事业取向等问题，可谓耐人寻味，含蓄深远。

两类相比较，第二种更巧妙，更值得提倡。因为这一种名字不仅“源”于“典”，而且“流”于“心”，经过了再创造，获得了新的表现力，反映了主人的个性特征。

八、以数联珠法

以数联珠法就是在名字中恰当地运用数词，使其像一根红线把闪光的珠玉串联起来，组成活泼多趣的名字。

例如：

马冠三：骏马踏云飞，英杰冠三年。

毕四海：四海归一统，江山更壮丽。

魏震五：威震五洲，誉满全球。

叶六桐：梧桐浓叶六方开，引得凤凰四面来。

吴七云：三吴七月多巧云，鹊桥翩翩度仙人。

章八元：文章恰似八段锦，节节段段映彩云。

田九成：稻谷九成即丰收，田家欢歌乐悠悠。

王十朋：一个好汉三个帮，王家十朋多兴旺。

徐百川：百川徐徐归大海，千曲百折势难改。

沙千里：茫茫戈壁千里沙，改造荒漠责任大。

杨万里：高扬垂天翼，鹏程万里行。

这些名字的数词，有很强的表现力，具有一般汉字不能替代的作用。因此，以数联珠法是显示数词重要作用，以数取胜的命名方法。数词与其他词类一样，只有运用得恰当、得体，才能发挥其神奇的作用。但是，要注意数词的多种含义和不同用法。

例如，数词的主要构词特点是：与名词组合表动作的次数，如初次与多次，罕见与频繁、个别与经常。

数词还有些习惯用法：三与九往往表示数理大或多；一与十往往表示完全或圆满，十也表示多，一却既可表示多又可表示少；二与四往往表示成双成对或对称；五与七往往表示各种各样。

就拿“一”来说，在名字中它就有多种用法：表全、满，如于一川；表同一、一样，如万众一；表开始、开端，如王一鸣；表专一、集中，如杨思一；表一个、一次，如吴一鹏，张一然；表数量少，如闻一多；表在最前面的序数，即第一，如郭占一；表整齐划一，如李化一。

可见，数词当中有许多学问，只有充分理解它才能在起名时更好地利用它。

在起名中，数词如果运用得好，就能恰当地组词达意，起到以数联珠的作用；否则，如果乱用数词则可能是“以数乱石”，损害名字的价值和意义。

下面再举一批数词用得好的例子，以供研究：

例如：陆定一、高一智、段一森、顾二熊、王捷三、钱三强、李四光、潘四喜、王云五、李范五、曲六乙、谢六逸、孙七政、沈尔七、孟八一、孙九鼎、王九思、程十发、仇十洲、黄百谷、邵百昌、梁仞千、吕大千、胡万春、何万祥、王同亿、公乘亿、李万兆等。

九、返朴归真法

有些人的名字像山泉那样出自天然，像泥土那样本色原味，如同口语，不假修饰，格外亲切，别有风韵。这类名字的起法我们称之为返朴归真。“朴”指朴实、淳朴，“真”指纯真，率真；“朴”与“真”是其特点集中体现。

这类名字，有的依姓连名，似乎信手拈来。如马德山、于得水、黄谷柳、白云梯、柳成行、柴水香、冷朝阳、红线女、万道光等，因“姓”制宜，就“地”取材，有形象，有寓意，有写实，有寄托。

这些名字看来如出自天然，实际上是颇费心机的，其巧妙之处在于，虽经加工锤炼，却不露斧凿之迹。

例如白云梯，这个名字很形象，又是春秋之际经常看到的天象，那就是：山顶上或树梢上，道道平行排列的白云，连着高天，仿佛给名字的主人架起了登天的云梯。

这个名字含义深远："登天"本是困难的，有了"云梯"，最高理想也可以化为现实了。这个名字是有来历的，它可能受到"青云梯"的启发。

李白有诗曰："脚著谢公屐，身登青云梯。半壁见海日，空中闻天鸡。"诗中写的是登山的神奇场面。由"青云"想到"白云"，由"登山"想到"登天"，不是合情入理的吗？因此，白云梯这个看来很平常的名字，背后很可能包藏着不少"崎岖"呢！这个名字形象性很强，让人仿佛看到道道平行排列、井然有序的白云，连着高高的天空和脉脉的远山，分明是给我们架起的登天云梯，有了这个天梯，还有什么困难不能克服呢？

用返朴归真法起的名字，其语言形式极为朴实，粗看起来甚至与一些俗语难以区分，但一经品评、推敲便可知道，其内涵及表现技法，绝不是一般俗语可以比拟的。

例如，马达与马天来相比，前者是以俗语命名，后者是以返朴归真法命名。

马达是电动机的俗称，除了表示动力之源之外，无深意。马天来虽然更口语化、更好懂，但它的意义却非同寻常：从天上来的马，即是大马、神马，具有天马的威力、神马的灵异，却又以普通马的姿态出现在人间，这就是马天来的旨意。从表现技法上看马达是直白式，马天来是委婉式，它将真相隐藏在口语化的语言形式之后，而不是“赤裸裸”地炫耀自己。

由此可知，语言通俗而底蕴丰富、技法高明的，是用返朴归真法命名的，否则就是用俗语命名的。

返朴归真式的名字，是受大众欢迎的，是有生命力的。这类名字还有许多，如元好问、方千里、真山民、过春山、龙大道、连得胜，聂大江、吴作人、白如冰、李明天等。

十、点石成金法

现代著名诗人和文学理论家何其芳，原名何永芳，国文老师将“永”改为“其”，成为何其芳。

这一字之改，使名字大放光彩，由一个十分俗气的名字，变成一个内涵隽永的美名。将“永”改为“其”，这个名字起了两大变化：

一是变姓、名分档为连姓取名，扩大了名字的容量，丰富了名字的内涵。二是变三个实词为两实一虚，虚实相生，使名字充满了生机，跳荡着情感，升腾着热浪，具有十分感人的力量。

何其芳，这个名字多么芬芳，多么美好，多么令人陶醉啊！名字散发着诗意，洋溢着浪漫情怀，真是不可多得的佳名。

何其芳不负众望，后来成为著名诗人和文学评论家，使得他的名字名副其实，美名远播。这改名的故事也传为了佳话。像这样的改名，就是点石成金。

著名电影女演员王丹凤，原名王玉凤，也是个很俗气的名字。电影导演朱石麟建议她改为“丹凤”，认为“丹凤”较之“玉凤”有许多优点：一是喊着响亮，容易记住；二是有美的色彩；三是有意义。于是，王丹凤的名字伴随着她的艺术，响遍全国。这一字之改也可称为“点石成金”。

以已有的俗名为“石”，即当作原材料，经过仔细推敲，略加修改，使“俗名”变为“美名”，这样起名就是“点石成金”。点石成金既是改名的方法，也是起名的方法。

如李华英是个俗名，可作起名的“石料”。“英”与“华”是同义词，又都是取名使用频率很高的常用词，所以名字中不能同时并存。去掉“英”字，换成“津”字如何呢？李华津：李花盛开的渡口，熙来攘往的要津，一片繁忙兴旺的景象。这就是用“点石成金”法得到的美名。

用“点石成金”法取名字，大体说来有这样几种思维方式：

1. 变陈旧为新颖。

2. 变单薄为丰满。

3. 变狭窄为开阔。

4. 变抽象为形象。

5. 变平淡为神奇。

6. 变直露为含蓄。

7. 变消极为积极。

8. 变姓、名分档为连姓取名。

以上所举的例子：何永芳改为何其芳，王玉凤改为王丹凤，李华英改为李华津，应分别属于 5、1、2 类。

再如宋聚业，聚合力量，振兴家业的意思。名字一般化，缺少特色。但是，若将“聚”改为“举”，情况就变了。宋举业，送你去投身伟大的事业。这里面“举”有兴起、投身、献身的意思，与它相搭配的“业”也升格为轰轰烈烈的大事业，“举业”所指，已不再是家庭小事，而是有关国家或大局的事业。“举业”既然要离开家庭小圈子，姓氏之“宋”便具有了谐音转化成的语义“送”。

姓氏参与了组词，就是以姓连名取名法，这就使名字的内涵更丰富了。由此看来，这个名字的思路兼有 2、8 两类。

高层云改为高裁云，这一字之改，也具有点石成金的效果。高裁云，彩云任我剪裁，云作衣裳天作堂，形象高大，威力不凡，非神则仙。这起名的方法应归入 5 类。

石九秦改成石九音，一块玉石可以发出多种奇妙的声响，奏出动听的音乐。好一块难得的美音石！这个名字可归入 4 类。

沙叶林改作沙宴林，沙漠宴请森林到它那里安家落户。其拟人化手法使“沙”与“林”的关系变得十分友好。“宴”字活现出“沙”的精神境界，构思巧妙、传神。这起名的方法应属于5类。

胡天游改为胡天娇，边疆一带的天之骄子，少数民族的英豪。这起名的方法可归入6类。

杨无咎改成杨无涯，一望无际的钻天杨，飒飒而立，阵容整齐，规模浩大，气势不凡。这既是化消极为积极，也是变抽象为形象，兼顾4、7两类。

陈良谟改作陈良言，“谟”是计策，因不太通俗，改为“言”。“良言”可理解为正确的主张、建议，也可理解为“忠言”，苦口婆心的肺腑之言，语重心长的教诲之言，它比“良漠”的内容更广阔。这个名字可归入3类。

点石成金法是实用价值很高的取名方法，不过，这种方法要运用自如，需要较丰富的文化积累和较深厚的文字与文学修养。

十一、嵌字组名法

所谓嵌字组名，就是将预定的内容或要求，巧妙地嵌入名字之中，使其具有较高的技巧和趣味性。

那么，嵌字组名法通常可以在名字中嵌入些什么内容呢？一般来说，嵌入的字有以下几种情况：

1. 嵌入父母名字中的标志，以示牢记养育之恩

例如，父名马飞虎，子名马敬彪，“彪”是“小虎”之义，又嵌入了“虎”字，表示对父亲敬仰。父姓林、母名丁紫香，女名林馥茵，“馥”嵌入“香”字，表示对母亲的纪念。父名顾江亭，子名顾鸿翔，“鸿”嵌入“江”字，表示继承父亲的志愿，展翅高飞。

2. 嵌入故乡或出生地名的标志，以示纪念

例如，刘崇靖，嵌入“山”“青”二字，表示对故乡山东青州的怀念。杨岱星，“岱”指泰山，“星”嵌入“生”字表示生于泰山或泰安。张冀麟，“冀”指河北，“麟”含“鹿”字，指涿鹿，表示故乡为河北涿鹿。梁锡琼，“锡”谐音“西”，“琼”含“京”字表示生于“西京”即今西安。袁根宁，“宁”指南京，即生于南京。

3. 嵌入名人的名、字标志，以示仰慕

例如，成仿吾，“吾”即指春秋初期齐国名相管夷吾，即管仲，“仿吾”就是以管夷吾为榜样，学习他、效法他。杜若甫，“甫”指唐代大诗人杜甫，“若甫”即像杜甫那样，做忧国忧民的爱国诗人。

这类名字较多，袁尊尼（仲尼即孔子）、张习孔（孔子）、刘师朱（朱熹）、魏承班（班固）、李慕白（李白）、韩作黎（昌黎即韩愈）、施今墨（墨子）、陈向迅（鲁迅）、姚仲平（仲平指晏婴）、岳景飞（岳飞）等，都是嵌入名人的名或字的标志以表示仰慕的。

4. 嵌入日、月、星“三光”，以示前程光明

这类名字较普遍，如张晴晖、王阳明、刘光裕、何景辉、宋月波、罗星芳、郑耀南、赵光炬、陈丹晨等。

5. 嵌入天、地、人“三才”以期人才出众

这类名字也不少，如何承天、黄朝天、张龙地、许地山、焦立人、郭超人、胡良才、萧万才、李三才、张才干等。

6. 嵌入立德、立功、立言“三不朽”以激励大志

这是我国的民族传统，这类名字为数较多。如杨立功、于树功、陈立德、汤裕德、李嘉言、史纪言、史书翰、吕公著、梁载言、杜存典等。

7. 嵌入春、夏、秋、冬四时，以启珍视时光

这也是常见的命名方法，如马辛春、王延春、邓中夏、倪夏莲、杨秋玲、李秋岳、林逾冬、赵冬曦、桑金秋、晏春山等。

8. 嵌入东、西、北、南四方，以表志气远大

这也是常见的命名方法，如王东华、朱东润、于冠西、万振西、施光南、罗泽南、于光南、徐北文、李东光、吴冷西等。

9. 嵌入生肖，表属相，增强趣味

这种取名方法可分为两类：一类直接嵌入，即属龙就用龙字起名、属虎就用虎字起名。二是间接嵌入法，即用与属相配合的“地支”代替属相，嵌入名中。

地支与属相的对应关系是：子鼠、丑牛、寅虎、卯兔、辰龙、巳蛇、午马、未羊、申猴、酉鸡、戌狗、亥猪。

当然也有例外，例如，有的名字中用了“龙”字，是取其语义，不一定是嵌入属相；有的名字中用了“寅”字，其属相也不一定是虎。因为一字多义，要弄清名字中选择的是哪种语义，才能判断是否是嵌入生肖命名法。

10. 嵌入箴言，以示自勉

这也是常见的命名方法，如：

李齐贤，取“见贤思齐”之义；

邵经邦，取“经邦治国”之义；

任志真，取“立志求真”之义；

张慎言，取“言行谨慎”之义；

周弘正，取“弘扬正气”之义；

赵执信，取“坚守信义”之义；

刘革非，取“革除错误”之义；

彭百炼，取“百炼成钢”之义。

这些名字所取之义，都可作为人生的指南，具有规劝人的“箴言”的性质。

由上述举例可知，嵌字组名法的领域还是较为广阔的，而且在实践中还会有新的发现，新的创造。

十二、设问、否定取名

1. 设问取名法

设问是写文章常用的修辞手法，其特点是故意设置问题，自问自答，在问答中阐述观点，说明问题，把内容引向深入，设问取名法是只问不答，把名字设计成一个问题，把内容引向深入，催人思考，发人深省。这样的名字意味深长，启发思维，颇受欢迎。

例如，胡安国：应当如何安邦治国呢？这个名字所提出的问题，都是大家所关心的，所以具有现实性和吸引力。

设问取名法必须使用疑问代词。上面的姓氏“胡”就是疑问代词。

在这一取名法中，疑问代词有的是姓氏字，有的不是姓氏字。有的用在名字的开头，有的用在名字中间，但是，用在名字末尾的很少见。

由于疑问代词的用法和特点各不相同，所以不同的疑问代词提出的问题也不一样，因而设问取名法的内容还是比较丰富的。例如：

胡富国：如何才能使国家富张，民族兴旺呢？“胡”就“道路”与“办法”发出提问。

何国模：谁是全国人民学习的楷模？“何”就“楷模”的具体指向发出提问。

魏谁雄：为谁而称雄呢？“谁”就“称雄”的目标提出询问。

安治学：如何做学问、搞研究呢？“安”就治学的方式方法提出问题。

明孰非：应当弄清谁是谁非？“孰”表示“是非”的主人是谁。

奚作美：看怎样做才算美呢？“奚”就“美”的内容、表现发出提问。

曷国强：怎样才能使国家强盛起来呢？“曷”与“何”的用法

相近。

焉以谢：用什么表示感谢呢？“焉”就“感谢”的方法提出设问。

有的人名中，中间字用疑问代词的还有林何美、陈胡理、史安在、方奚为等。姓名末尾用疑问代词的虽然不多，但用好了效果也是不错的。例如：

顾盼何：左顾右盼，到底想看什么呢？描摹比较形象。

姚望何：登上高处遥望什么呢？画出了有心事的神态。

夏梦何：夏天的夜晚梦到些什么呢？蕴含着甜蜜的诗意。

文赞何：赞扬什么，反对什么呢？语义表示应旗帜鲜明。

末尾用疑问代词，主要是“何”字，其他字很少见。

设问取名法必须用疑问代词，这是它的特点，也是其局限性。正因为如此，这种取名法不容易普及，只能在有限的范围内采用。

2. 否定取名

在人的名字中明确表示出对某种不良倾向的否定，是否定取名法的基本特征。

这里的否定，包括积极否定和消极否定两种形态。所谓积极否定，是指主动地战胜、克服不良倾向；所谓消极否定，是指抛弃、丢掉不良倾向。如刘革非，革除错误的有害的东西，是积极否定；辛弃疾，抛弃疾病的危害，是消极否定。

否定取名法的基本规律是：以被否定的反面事物或倾向为基础

材料；选定一个表达否定方式的动词与之配合，构成动宾词组；再配以姓氏，就构成表示否定的名字。

常用的表示反面事物与倾向的基本词有：非、私、己、恶、病、疾、尘、垢、魔、害等，它们的同义词、近义词有邪、怪、污、浊、枯、朽、稗、患、祸、灾、难、瘴、疠、疫等。

常用于表示否定方式的动词有：革、镇、除、灭、剪、铲、拔、斩、砍、驱、赶、弃、去、拒、绝、歼、扫、擒、捉、降、涤、洗、刷、摧、破、克等。

用否定取名法的名字，有很多。例如：

段克己：果断地攻克自己的私字堡垒。

夏斧私：“斧”即“砍”，挥动斧头，毫不留情地砍掉私心之树，与个人主义彻底决裂。

王镇恶：坚决镇压一切邪恶势力。

朱胜非：战胜一切错误的有害的东西，让我们的旗帜保持鲜红的颜色。

高涤尘：高天大雨如注，洗涤尘世间一切污泥浊垢。

霍去病：迅速赶走病魔，确保身体健康。

汤拒非：拒绝一切有害的东西侵蚀我们的身心。

张非垢：大张旗鼓地否定一切错误的有害的东西，保证我们的纯洁与健康。

蔚去病：剪断疾病之根，保证健康成长。

否定取名法的优点是，名字的态度鲜明，主观色彩较浓，个性突出。缺点是，命名方法已形成模式，供选用的词汇较少，容易雷同或重复。因此，运用否定取名法应在选择动词、表达否定方式上多下功夫，努力在这方面出新出巧。

十三、双关取名法

“双关”即一箭双雕，一个名字表达两种不同的语义。

比如，“艾思奇”这个名字就有两种语义，其一是从思维个性这个角度出发的：艾即“爱”，喜欢；思奇，思维奇特，大胆泼辣，标新立异。其二是从理想、信念这个政治角度着眼的，艾是热爱，思指革命导师马克思，奇指革命导师伊里奇（列宁），一个名字包含了这样两重寓意，就是双关命名法。

再如“江天一”这个名字，也有两层语义：一层是明写自然景象，江水滔滔奔向天际，水天相接，难解难分，上下茫茫，混为一色，融为一体，达成一片，这就构成了一幅天高水长浩渺无涯的壮阔图画。另一层是暗寓社会理想：何时江山一统、天地一气、九州一色？用“江天”暗指江山社稷，“一”则指统一、一色。

江天一也是一语双关的好名字。

双关命名法成败的关键是明中寓暗。其中，自然、灵活，明写的部分要浅显、易懂，做好铺垫；暗写的内容要将“纲目”巧妙地附在明写的文字之中，让人通过联想能够完成由明义到暗义的过渡。

艾思奇中的“思奇”，嵌入了两位革命导师的名字标志，启示了思维方向；江天一中的“江天”，恰与江山、天地、政权、社稷暗中相合，打开了另一条思路。只有明中寓暗、自然，灵活才能启发联想，让人理解到双层内涵，体会到它的奥妙。

双关命名法既能提高名字的信息含量，又增强了趣味性，有益于智力开发，所以受到大家的普遍称道。但是，这种命名法的难度较大，一个好的双关名字，需要深思熟虑，长期酝酿，才能制作出来。

一般来说，产生“双关”名字的渠道主要有三条：

1. 借助一词多义构成双关

如杨非雪。这个名字中的“非”有两种解释，名字的语义也就有两种。“非”的含义之一，是在选择中表否定，语气较平和。这时名字的意思是，杨花虽然也随风飘舞，但它不是雪花；杨花是春天的象征，雪花是冬天的标志，二者是不能混为一谈的。“非”的含义之二，表示不再、不再是，语气较重。这时，名字的意思就是杨花开放了，春天到了，形势好转了，不再是冰雪肆虐的严冬了。

这是借助一词多义构成的双关，因为“杨”在这里不仅指杨花，而且代表了春天。实际上艾思奇、江天一也是一词多义构成的双关。

2. 借助象征手法构成双关

当代作家冯毅之，他的名字有两层意思：其一，“之”作虚词，是“毅”的词尾。这时名字的意思表示碰到困难应当用坚毅的态度对待它。其二，“之”为象形字，象征曲曲折折的弯路，这时名字的意思表示人生的道路就像“之”字，曲曲折折，崎岖不平，随时都会遇到艰难险阻，要想前进，要想奔向理想的目标，就要发扬刚毅的精神。

这个双关式的名字，主要是借助“之”的象征意义构成的。

3. 借助成语典故构成双关

如华而实这个名字，它的字面意义是，不仅花繁叶茂，而且硕果累累。也就是既有“春华”又要有“秋实”。它的第二层意思，是借助成语“华而不实”产生的。它站在“华而不实”的对立面，坚决反对那种徒有其表或哗众取宠的人品和作风，这就使它具有了双层意蕴。

再如林竹风这个名字，表层意思是：茂林修竹，一派苍翠、兴旺的风貌。由于名字中有竹、有林，就容易令人联想到“竹林七贤”。借助于这个典故，林竹风又有了第二层意思，即以“竹林七贤”为代表的高雅的文人学士之风。它的双关，是借助典故形成的。

十四、象征取名法

象征是借两物之间相似或相近的外部形态，作为展开联想的桥梁，从而实现借此言彼，达到语义深化的修辞手法。如用“白鸽翔”象征和平友好，用“雷海燕”象征风雨中的革命者等。

一般说来，象征手法都是用具体的形象事物，来象征比较抽象的事物或意念，比如用太阳象征光明，用阴云象征黑暗势力。

象征意义还与民族文化传统密切相关。中国人的传统习惯是：松柏象征长青长寿，品德高洁；翠竹象征高风亮节，骨气长存；梅花象征报春，不惧严寒；菊花象征丰收的金秋和飘逸不俗的品格。

还有中国人还用虎豹象征威猛，雄鹰象征矫健，飞龙象征神异，骏马象征奋发有力等。名字的象征意义，就是以这些文化传统为基础的。例如：

林荫梧：林木葱郁，浓荫下面梧桐树枝繁叶茂，生长茁壮。按传统说法，“凤凰择梧而栖”。这是凤凰栖息的理想之处，所以象征着祥瑞，福与贵即将降临。

张廷竹：翠竹挺拔而立，不畏风雨；象征着刚强、有骨气，具有高风亮节。

沈虎根：根扎得很深，又长得粗壮、威严，像老虎盘踞在那里。象征着根底深，基础牢固，大有发展潜力；必将叶茂、花荣、硕果累累，前途无量。

罗铁鹰：高大翱翔，双翅坚强有力，搏击风浪，雄鹰展雄姿；象征着必将大显身手，大有作为。

郭麟阁：城郭中高阁耸立，麟光闪闪，一片兴盛、祥瑞的景象；麟阁，指麒麟之阁；象征着必将富贵发达，前程似锦。

徐霞村：初升的太阳，霞光四射，染红了恬静的村庄；象征着蒸蒸日上，前途光明、生活美好。

伍若兰：兰花优雅芬芳，象征品格高洁，具有“君子”之气。若兰，即做像兰花那样，具有高洁的品格和君子之风的人。

张凤雏：幼小的凤凰，展开双翼，即将腾飞；象征兴旺、祥瑞，生活美好幸福，前途无限光明。

象征手法能启发联想和想象，其用意不是直接说明的，而是在文字的启示、导引下，通过深入发掘才能把握的，象征意义具有趋向性、泛指性和一定的朦胧性。它的内涵不是确指的、具体的、落实的，而是只提示方向、范围。留下一定的“空白”，让读者通过自己的思考去填补，这就是它的吸引力和趣味性所在。

龙凤胎起名

生一对龙凤胎比生一对双胞胎的概率更低，所以一对龙凤胎宝宝对于一个家庭来说是无比幸运的事情，很多家长做梦都盼望着自己能生一对可爱聪明的龙凤胎宝宝。但是给龙凤胎宝宝取名也是一件麻烦的事情，今天小编为大家编辑分享的是龙凤胎取名大全，不知道如何为龙凤胎宝宝取名的家长们可以来参考借鉴下这里的龙凤胎取名大全。

龙凤胎取名方法

给龙凤胎取名也有一定的方法可以借鉴，所以一起来看看小编为大家分享的龙凤胎取名方法吧。

1. 或把一个成语拆开组合起名，如：“欣欣向荣”可分为“欣欣”与“向荣”；“龙凤呈祥”可分为“呈龙”与“祥凤”。

2. 姓一般是相同的，那么就在名上同一个位置用同一个字，另外一个字则结合宝宝的性别来起名。

3. 用两个异性或相对的事物名称来给宝宝起名，比如：龙与凤，天与地之类的。

4. 取两个普通的宝宝名字，只分男宝宝与女宝宝。

龙凤胎取名禁忌：

1. 龙凤胎取名忌用贬义字。

2. 龙凤胎取名忌用冷僻的字。

3. 龙凤胎取名忌用恶劣的字。

4. 龙凤胎取名忌用消极的字。

5. 龙凤胎取名忌用一些称谓或辈分的词。

6. 龙凤胎取名忌用读音不雅的字。

7. 龙凤胎取名忌用绕口的字。

8. 龙凤胎取名忌用带女字旁的贬义字。

9. 龙凤胎取名忌用男女名字不分。

10. 龙凤胎取名忌用丑陋的字词、事物或现象。

好听有寓意的龙凤胎名字

好听有寓意的龙凤胎女孩名字备选：

雪丽 /《江楼夜吟元九律诗成三十韵》/ 白居易 / 收将白雪丽，夺尽碧云妍

红豆 /《红豆》/ 王维 / 红豆生南国，春来发几枝

芳林 /《早春南征寄洛中诸友》/ 欧阳修 / 芳林逢旅雁，候馆噪山鸦

念露 /《齐天乐》/ 吕同老 / 绰约冰绡，夜深谁念露华冷

如春 /《秋词》/ 刘禹锡 / 山明水净夜来霜，数树深红出浅黄，试上高楼清入骨，岂如春色嗾人狂

妙云 /《沁园春》/ 无名氏 / 逍遥岸，会玄妙云路，同访桃源

韵清 / 《临江仙》/ 毛文锡 / 灵娥鼓瑟韵清商

晓玉 / 《减字木兰花》/ 苏轼 / 破晓玉英纷似织

宛儿 / 《同豆卢峰知字韵》/ 杜甫 / 炼金欧冶子，喷玉大宛儿

万芳 / 《春日》/ 陆游 / 平生过眼万芳菲，晚景收心与世违

花萍 / 《戊子避乱舟中寄弟》/ 方琬 / 野树鸣蝉咽未休，蓼花萍叶晚来秋

荷月 / 《瑶台第一层》/ 张元干 / 旧山同梓里，荷月旦、久已平章

紫雪 / 《桃源》/ 李群玉 / 紫雪白鹤去不返，唯有桃花溪水流

梦倚 / 《鹧鸪天》/ 苏庠 / 醉眠小坞黄茅店，梦倚高城赤叶楼

雨燕 /《春残》/ 翁宏 / 又是春残也，如何出翠帏！落花人独立，微雨燕双飞

巧倩 / 《清江引》/ 乔吉 / 风酥不将肋斗儿匀，巧倩含娇俊

松琴 / 《木兰花慢》/ 周密 / 正地幽天迥，水鸣山籁，风奏松琴

翠林 / 《赋得夏首启节》/ 李世民 / 黄莺弄渐变，翠林花落余

芳卉 / 《思归叹》/ 石崇 / 林郁茂兮芳卉盈

雨雪 / 《赠苏味道》/ 杜审言 / 雨雪关山暗，风霜草木稀

梦香 / 《山坡羊》/ 薛昂夫 / 风，满座凉；莲，入梦香

依华 / 《冬夕江上言事五首》/ 罗邺 / 只宜醉梦依华寝，可称

嬴蹄赴宿程

诗雪 /《寄宁海李明府》/ 周贺 / 故疾梅天发，新诗雪夜成

紫葵 /《和胡西曹示顾贼曹》/ 陶渊明 / 流目视西园，晔晔荣紫葵

幽兰 /《赠崔融二十韵》/ 杜审言 / 太息幽兰紫，劳歌奇树黄

凌青 /《雪谗诗赠友人》/ 李白 / 众毛飞骨，上凌青天

素月 /《秋浦歌十七首》/ 李白 / 其十三渌水净素月，月明白鹭飞

江梅 /《浣溪沙》/ 李清照 / 海燕未来人斗草，江梅已过生绵，黄昏疏雨湿秋千

夜云 /《瑶瑟怨》/ 温庭筠 / 冰簟银床梦不成，碧天如水夜云轻

秋 /《送王正字山寺读书》/ 李嘉祐 / 向日荷新卷，迎秋半疏

笑霜 /《尾犯》/ 赵以夫 / 夹衣初试，破帽多情，自笑霜蓬短

珍美 /《春晚用对酒韵》/ 陆游 / 一闲可敌八珍美，骊驹在门端可起

丹丽 /《次韵许子大李丞相宅牡丹芍药诗》/ 洪炎 / 次韵许子大李丞相宅牡丹芍药诗山丹丽质冠年华，复有余容殿百花

娇语 / 《题周皓大夫新亭子二十二韵》/ 白居易 / 笛怨音含楚，筝娇语带秦

月碧 / 《望喜驿别嘉陵江水二绝》/ 李商隐 / 千里嘉陵江水色，含烟带月碧于蓝

秋春 / 《水调歌头》/ 马廷鸾 / 一笑还游轻举，三叹道长世短，晦朔自秋春

寒菊 / 《九月十八赐百僚追赏因书所怀》/ 李适 / 繁林已坠叶，寒菊仍舒荣

问兰 / 《声声慢》/ 周密 / 凌波又归甚处，问兰昌、何似唐昌

月佳 / 《清平乐》/ 晏几道 / 画堂秋月佳期，藏钩赌酒归迟

柏秋 / 《导引》/ 无名氏 / 寝园松柏秋风起，箫吹想平生

万莲 / 《句》/ 玄幽 / 一万莲经三十春，半生不蹋院门尘

映梦 / 《秋思》/ 吴文英 / 映梦窗，零乱碧

采香 / 《临江仙》/ 晏几道 / 与谁同醉采香归

初南 / 《塞下曲》/ 薛奇童 / 骄虏初南下，烟尘暗国中

君兰 / 《奉答燕公》/ 王琚 / 与君兰时会，群物如藻饰

怜寒 / 《初入秦川路逢寒食》/ 李隆基 / 可怜寒食与清明，光辉并在长安道

仙琳 / 《苏武慢》/ 凌云翰 / 花上莺啼，云间犬吠，偶到洞仙琳宇

倚梦 / 《虔州吕倚承事年八十三读书作诗不已好收古今》/ 苏轼 / 吕倚梦得承事借示古今书一轴作诗代跋尾倚年八十一

诗如 / 《金人捧露盘》/ 辛弃疾 / 尊如海，人如玉，诗如锦，笔如神

听雅 / 《醉蓬莱》/ 韦骧 / 满奉金觥，暂停牙板，听雅歌精祷

有寓意的龙凤胎男孩名字：

文树 / 《嘲刘文树》/ 黄幡绰 / 可怜好个刘文树，髭须共颏颐别住

雨帆 / 《满江红》/ 吴潜 / 依旧是、江涛如许，雨帆烟笛

天鸣 / 《题卢五旧居》/ 李颀 / 怅望秋天鸣坠叶，巑岏枯柳宿寒鸥

高远 / 《鲁郡尧祠送窦明府薄华还西京（时久病初起作》/ 李白 / 遂将三五少年辈，登高远望形神开

寒元 / 《满江红 叶梅友八十》/ 周权 / 心事岁寒元不改，一生清白堪同守

浩月 / 《满庭芳》/ 秦观 / 时时，横短笛，清风浩月，相与忘形

远德 / 《大云寺赞公房四首》/ 杜甫 / 道林才不世，惠远德过人

宇向 / 《冬夜宿仙游寺南凉堂，呈谦道人》/ 岑参 / 爱兹林峦好，

结字向豁东

圣国 / 《从军诗》 / 王粲 / 自非贤圣国

俊玉 / 《风入松》 / 吴文英 / 阿咸才俊玉壶冰

晋图 / 《高阳台》 / 李彭老 / 绿深门户啼鹃外，看堆床、宝晋图书

涛盛 / 《酬蓝田崔丞立之咏雪见寄》 / 韩愈 / 冰玉清颜隔，波涛盛句传

圣文 / 《奉和太子纳妃太平公主出降三首》 / 胡元范 / 圣文飞圣笔，天乐奏钧天

松月 / 《宿业师山房待丁大不至》 / 孟浩然 / 松月生夜凉，风泉满清听

怀君 / 《秋夜寄丘员外》 / 韦应物 / 怀君属秋夜，散步咏凉天

德胜 / 《赛神》 / 元稹 / 德胜妖不作，势强威亦尊

江流 / 《八阵图》 / 杜甫 / 江流石不转，遗恨失吞吴

思明 / 《春江花月夜》 / 张若虚 / 谁家今夜扁舟子，何处相思明月楼。可怜楼上月徘徊，应照离人妆镜台

泽来 / 《江路忆郡》 / 张说 / 林泽来不穷，烟波去无歇

君磊 / 《以小团龙及半挺赠无咎并诗用前韵为戏》 / 黄庭坚 / 故用浇君磊隗胸，莫令鬓毛雪相似

兴言 / 《小明》 / 诗经 / 念彼共人，兴言出宿

君浩 / 《千秋岁》/ 丘崈 / 楼上好，与君浩荡浮银海

海若 / 《赠僧行融》/ 李白 / 海若不隐珠，骊龙吐明月

智月 / 《宿吴兴道中茗村》/ 鲍溶 / 身依瘖昏寐，智月生虚圆

雪松 / 《池鹤二首》/ 白居易 / 带雪松枝翘膝胫，放花菱片缀毛衣

宇轩 / 《水调歌头》/ 吴潜 / 忽然天宇轩豁，杲日正当空

秋胜 / 《临江仙》/ 曹勋 / 连夜阴云开晓景，中秋胜事偏饶

雪海 /《轮台歌奉送封大夫出师西征》/ 岑参 / 四边伐鼓雪海涌，三军大呼阴山动

少华 / 《念奴娇·书东流村壁》/ 辛弃疾 / 也应惊问，近来多少华发

秀文 / 《误桃源》/ 无名氏 / 秀文冥子里，銮驾幸并汾

荣茂 / 《送惠师》/ 韩愈 / 大哉阳德盛，荣茂恒留春

棋龙 / 《七言》/ 吕岩 / 琴剑酒棋龙鹤虎，逍遥落托永无忧

泽云 / 《别侍御严凝》/ 沈佺期 / 七泽云梦林，三湘洞庭水

豪杰 / 《念奴娇·赤壁怀古》/ 苏轼 / 江山如画，一时多少豪杰

雪芹 / 《晚春田园杂兴》/ 范成大 / 紫青莼菜卷荷香，玉雪芹芽拔薤长

远林 / 《夏日李公见访》/ 杜甫 / 远林暑气薄，公子过我游

展康 / 《咏史》/ 陆游 / 风云未展康时略，天地能知许国心

风瀚 / 《七绝两首 长孙璧》/ 梁羽生 / 十年梦醒相思泪，西风瀚海沙

远鸿 / 《冬夜集赋得寒漏》/ 皇甫冉 / 偏将残濑杂，乍与远鸿哀

文君 / 《白头吟》/ 李白 / 一朝将聘茂陵女，文君因赠白头吟

智明 / 《二公再和亦再答之》/ 苏轼 / 元达号神君（晋循吏乔智明，字元达）

寒信 / 《渔家傲》/ 黄裳 / 寒信已归砧上练

金风 / 《辛亥残秋偶作》/ 鲁迅 / 尘海茫茫浓百感，金风萧瑟走千官

秋深 / 《赠苏味道》/ 杜审言 / 云净妖星落，秋深塞马肥

海波 / 《燕支行》/ 王维 / 叠鼓遥翻瀚海波

胜达 / 《题画廿四首》/ 唐寅 / 尽胜达官忧利害，五更霜里佩黄金

安逸 / 《梦上山 时足疾未平。》/ 白居易 / 昼行虽蹇涩，夜步颇安逸

晓城 / 《慈恩伽蓝清会》/ 韦应物 / 岚岭晓城分，清阴夏条长

文浩 / 《己亥杂诗》/ 龚自珍 / 收拾遗文浩无涘，东南一部小阳秋

德 /《沁园春》/ 林正大 / 幸炎符在握，六龙在御，臣来亿兆，阳德方刚

唐诗宋词取名

我们在为宝宝起名字的时候，是根据宝宝自身的特质进行起名的。名字是一个人所特有的一张名片，其中必然要蕴含着一些深刻的内涵，就好像一个特殊的座右铭，能对宝宝今后的成长有励志的意义。

文扬

出处：既荐羽旌文化启，还呈干鏚武威扬《唐大飨拜洛乐章·齐和》

让我们从单个的字面意思来看，“文”在这里指的是文华辞采、温和，如文质彬彬，文静，文雅。“扬”的意思是称颂，传播；高举，向上；在空中飘动。用作宝宝的名字寓意此人性格文静内敛，聪明懂事，勤学好问，有着一颗包容之心，为人谦虚低调，有着一颗奋发上进之心，能够为了自己的梦想而不懈追求。

韶书

出处：尊祖咸韶备，贻孙书轨同《郊庙歌辞·汉宗庙乐舞辞·显仁舞》

“韶书”是一个比较中性一点的名字。“韶”字指的是指容貌，美丽，美好等，如韶秀，梢颜；古代指乐曲名。“韶书”一词寓

意了宝宝心地善良，风华正茂知识丰富，有着良好的艺术修养和文学素养，喜好舞文弄墨，学识渊博，知识面比较广泛，样貌出众，玉树临风、倾国倾城。

思言

出处：静言格思，惟神保祐《五郊乐章·雍和》

“思言”是一个比较中性化的名字，“思”的意思是怀念、考虑、想念。也有思齐、思路、新颖独到的构思、意趣等意思。“言”指讲、说；言论、见解、意见、说明。用作人名寓意此人创造能力强，思维跳跃，常常能考虑到别人所想不到的地方，聪明睿智，学识过人。

乐知

出处：直为经过行处乐，不知虚度两京春《初入秦川路逢寒食》

“乐知”是一个比较通用的名字，“乐”表欢喜，快活，“知”表知道，知识等。“乐知”寓意宝宝求知欲强，乐意去接受新鲜的事物，思维开阔，接受理解能力强，聪明伶俐，喜欢钻研知识，爱好广泛，喜欢与人交往，性格开朗活泼，具有幽默感。

景亿

出处：庶俾亿龄禔景福，长欣万宇洽时邕《祈谷乐章·舒和》

“景亿”是一个比较通用的名字，“景”环境的风光；情况，状况；佩服，敬慕；祥瑞；高，大。“亿”指极大的数目，如亿万斯年。用作人名寓意吉祥如意，前程远大，能够开拓一片属于自己的天地，财运亨通，生活幸福安逸，幸福美满，有享不尽的荣华富贵。

百恩

出处：神歆六律，恩降百祥《郊庙歌辞·祀风师乐章·迎俎酌献》

“百恩”是一个比较中性化的名字，“百”一般指很多，如百炼成钢；指数名，如百里挑一。“恩”意指恩惠或情谊。以此作为宝宝的名字寓意做事情一丝不苟，勤勤恳恳，兢兢业业，具有耐心与恒心，能够持之以恒，坚持不懈，心地善良，能够包容他人，具有一颗博爱之心。

维熙

出处：於穆浚哲，维清缉熙《祭汾阴乐章》

“维”这个字的意思是指维护，保护；也指思维，判断。“熙”则指的是光明，兴起，兴盛。和乐，吉祥的意思。作为一个比较通用的名字，对于男宝宝还是女宝宝都是很合适的，寓意了此人成熟稳重，聪明睿智，具有长远的目光，能够随机应变，性格乐观积极，精力旺盛。

声遥

出处：乐罢余声遥可闻《郊庙歌辞·祀雨师乐章·送神》

让我们先从字面意思来看，“声”指消息，音讯；名誉；扬言，宣称。“遥”指心向远方，如飘遥缭绕；也指对远地的人表示敬仰，如遥仰。用作人名寓意此人品德高尚，能够得到他人的尊重与敬仰，在人群之中总是能成为焦点，为人处世有大智慧，头脑灵活，懂得变通，审时度势，有着较常人更为长远的眼光。

云望

出处：永望翠盖逐流云，自兹率土调春令《郊庙歌辞·祀风师乐章·送神》

这首诗讲的是一个祭祀的习俗，气氛和谐欢畅。“云望”一词用作男宝宝还是女宝宝的名字都是极为合适的，“望”指的是人所敬仰的，有名的，如名望；向，朝着，如希望。用作人名寓意此人心中充满的远大的理想与追求，胸怀宽广，追求更高层次的思想境界，道德高尚，注重修身养性。

尚景

出处：肸蚃尚馀，光景云灭《郊庙歌辞·释奠武成王乐章·送神》

从单个的字面意思来看，“尚”的意思是仍然、尊崇、久远等意义，也意为尊崇、推崇、尊重。“景”经常指的是环境的风光；情况，状况；佩服，敬慕；祥瑞；高，大。用作男宝宝的名字寓意此人有着高尚的品质，气质尊贵高雅，人生之中幸福美满，前程似锦。

如真 佳希 佳妮 语遥 景然 泽坤 坤泽 志礼 若荷 敬馨

少远 佳期 嘉梦 之遥 荣远 玉笑 胜蓉 雪南 诗君 正佳

云致 舒致 文羽 文扬 羽威 佩恩 昭新 永言 安宇 宝涵

景荷 云兴 腾霄 景赫 百盈 展诚 恩远 淳风 永淳 圣基

展宗 天明 天祥 宇阳 天临 辰奇 源清 为清 初泰 清泰

祥临 纯至 德超 家承 家诚 冠超 逸君 朗辉 有松 延津

家琪 旗云 君驰 中格 天歌 言舟 响云 念风 梦舟 云弦

易达 念清 立超 惠中 海朗 思成 忆君 宸夕 思君 成君

悦然 星言 永泽 云泽 皓原 巧远 书语 悠雪 南锦 心绮

《诗经》之美已经无法用言语形容出来了，该诗集一直受到历代读书人的尊崇，时至今日，早已成为了我们的一种文化基因。如今我们再去读里面的诗句，依然会被打动；唯美真实、温暖动人。让大家为自家孩子取一个好听、美好、有内涵的美名。

根据《诗经》来取名：

一个恰到好处的佳名，在本质上应当是一种与时俱进、受时尚文化规定影响的高雅文化。

月皎

出自《诗经·国风·陈风》：“月月出皎兮，佼人僚兮。”

月、皎两字都是代表着光明、洁白的含义，那么在用于起名时是比较适合为女孩子人名的，衬托出女孩那种洁白、高雅的气质。同时还引申为形容其为人正直、光彩夺目、美艳动人的含义。

伊一

出自《诗经·蒹葭》：“蒹葭苍苍，白露为霜。所谓伊人，在水一方。”

该诗句是阐述对于爱情的思念，从中提取的名字自然是唯美、浪漫、又好听的，比较符合女孩子的心思。那么从中提取“伊和一”搭配取名，从读音上来讲，简单上口易记；同时寓意也十分不错，意指加强孩子的品行，表专一、懂事的含义。

东昴

出自《国风·召南·小星》：“嘒彼小星，维参与昴。”

《小星》是西周现实主义诗集《诗经》里的一首。提取的昴字读音为mǎo，是星名，二十八宿之一。那么搭配的另一个东字，瞬间使该名有了灵魂，有了方向感；因为东方一般是指日出的方向，两字搭配起名十分合适。寓意孩子就像“昴星”一样，日出东方，沐浴春光。

淇奥

出自《国风·卫风·淇奥》：“瞻彼淇奥，绿竹猗猗。有匪君子，如切如磋，如琢如磨。”

淇奥一名中的“奥”字在句中的读音为yù，但此处我们用作人名时，取其ào的读音，好听大气磅礴。不管是哪个读音，字义都是非常好的，搭配淇字意指宝宝学问精湛，品德良善。成为一个豁达通透的人。

根据《诗经》给宝宝取小名

阳阳——君子阳阳，左执簧，右招我由房，其乐只且

诗中的阳阳是表达了一种欢乐、融洽的氛围，所以也可借指寓意宝宝将来阳光灿烂、性格活泼，希望他是一个温暖如春、明亮灿烂的人。

祁祁——仓庚喈喈，采蘩祁祁

祁祁这个小名结合诗意，是指大将军凯旋，天空的鸟儿在歌唱，表达了一种喜悦的心境。那么我们也可以理解为宝宝的出生给家庭带来了许多欢乐，是家里的开心果，这样看来寓意是非常不错的。

央央——龙旂阳阳，和铃央央

央央是象声词，表示和谐的声音，寓意指美好，所以这个名字给人一种非常亲切的感觉。而且音律也是优美动听的，作为小名，有一种清新感，不显俗气。

溱溱——旐维旟矣，室家溱溱

带有三点水的溱字，很适合为宝宝取名，无疑是锦上添花，寓意丰富。像这样的叠词在《诗经》中大多都代表拟声词，音律都很和谐，朗朗上口，好听好读。

可以根据《诗经》的三种主要表现手法来给宝宝起名字。

1. 赋

这一方法即父母站在诗人的角度，把对于孩子的期望直接表达。而通俗点来讲，如今我们把它称之为“直接运用”，将期望和寓意都直白的表述出来，没有诗中的那种隐晦，但是缺少了《诗经》里的一些意境感。

2. 比

比这种手法，就是我们现在常讲的“引申取名法”，比如父母对于孩子的一些期望、感情，用其他字眼表达出来。像李之彦这个名字，就是运用诗经中的唯美句子：“彼其之子，邦之彦矣。”阐述国家的俊杰之义。提取之彦一名代替直白的“俊杰”取名，使其名字蕴意深厚。

3. 兴

兴这个手法就是现如今的“以品德、相貌”取名。而用兴这个手法来表达就比较含蓄，根据这一方法，含义更加具有意义。像《诗经·大雅》中著名的一句：令闻令望，如圭如璋。提取“圭璋”取名要比用“玉德”取名更为文雅。

古风仙气诗意的名字

古风在国内一直非常流行，它是取自于中国传统文化中的内容，除了服装以外，名字也可以体现出此类风格。同时随着仙侠类元素的流行，伴随着国粹文化诗歌的崛起，古风元素也融入了仙侠与诗意成为统一的风格。其实给宝宝取名字亦是如此，古风仙气又诗意的名字是比较受欢迎的，如下同类主题取名知识分享，希望能帮助到大家。

古风仙气又诗意的名字备选

一个带有古风风格仙气诗意的名字，在国人眼中是比较唯美的类型，它考验个人的文笔能力。如下给大家推荐几个古风仙气诗意的名字，希望大家会喜欢。

沧海

——“沧海有情珠为泪，天若有情天亦老”

沧海是对东海的称呼，东海在我国传统神话故事中富有相当浓郁的仙侠色彩，也用于指代时间的流逝，有“沧海桑田”之说，是一个极有古风仙侠风格的诗意名字，字音动听寓意深厚。

碧瑶

——“碧瑶仙去苍云隔”

碧瑶是仙侠长篇小说《诛仙》中的角色名字，有碧波瑶池仙子之意，取自于宋词《兰陵王·此何夕》中的“碧瑶仙去苍云隔”，它也是花卉中有名的“瑶池仙葩”，原名为春兰碧瑶，是一个颇有仙气的古风诗意名字。

问剑

——“试问剑歌悲壮”

在古风仙侠故事构造中，以剑修仙是非常有名的，问剑即以剑提问，问其苍天，问其内心，颇有仙气与禅意，其豪迈气势令人惊叹，它是一个相当富有深意的古风名字。

古风仙气并有诗意一类名字的起名方法

1. 选富有仙气的诗词取名

富有仙气的诗词，在我国古代文学诗歌中，是比较常见的诗词类型，用以起名能突出名字的不凡，带有仙境唯美气质。

2. 从仙侠电视剧中取名

在国内人们耳熟能详的仙侠电视剧中有一些也可以用以起名，像《仙剑奇侠传三》中的长卿、景天、雪见、紫萱等，都是富有仙气、诗情画意的古风名字。

3. 选富有仙气的词句取名

富有仙气的字词取名是比较简单的方法，在仙侠古风诗词中，有一些字词是为人所熟悉，给人带来不凡印象的仙气字词，像《山海经》中神兽、山脉中的称谓如青丘、凤鸾等，《封神榜》中神仙的称谓如破军星、碧霄等，都是可用以取名的词汇。

古风仙气又诗意的名字取名时的注意事项

古风仙气诗意的名字有很多种，但是在起名的时候，一定要注意名词的用意，不要光看字音和字型。

1. 注意名字寓意

说到古风仙气诗意的名字，很多人会选择通过《山海经》《封神演义》等文学小说内容来作为起名参考，选择文学中一些不常见的带有神话仙气寓意的称谓作为名字，但这些称谓是有不同的象征代表的，像毕方就是一种以制造火灾为乐的异兽，是灾难的象征，作为名字是不太合适的。

2. 注意名字字音

在一些带有仙气的诗词或者文学起名参考内容中，有不少名词称谓都是生僻字，部分字词在起名时若不注意字音，搭配个别姓氏可能会起出一些令人啼笑皆非的名字，譬如狌狌其实读音为“x ī ng”若搭配龚姓就会变成了“公猩猩”。

古诗词起名参照

中国诗文名人名家极多，名句名诗更不可胜数，这就为我们取名用典提供了丰富的选择余地。以古代诗文中的典故取名的例子很多。如：

1. 益柔、念慈——《送杨氏女》韦应物，“尔辈苦无恃，抚念益慈柔”，金庸金大侠都用这为他的小说主人公起名字，《射雕英雄传》里的“穆念慈”。

2. 紫言——李白《望庐山瀑布》，“日照香炉生紫烟”，转了个音。

3. 宛芳——张若虚《春江花月夜》，江流宛转绕芳甸 (di à n)，月照花林皆似霰 (xi à n)。

4. 妍姿——柳永《雪梅香》，雅态妍姿正欢洽，落花流水忽西东。

5. 弦思——晏几道《临江仙》，琵琶弦上说相思，当时明月在，曾照彩云归。

6. 南絮——晏几道《御街行》，街南绿树春饶絮。

7. 语晖——秦观《画堂春》，落红铺径水平池，放花无语对斜晖。

8. 芳菲——陈亮《水龙吟》，恨芳菲世界，游人未赏，都付与莺和燕。

9. 嫣然、香飞——姜夔《念奴娇》，嫣然摇动，冷香飞上诗句。

10. 香凝——吴文英《风人松》，香有当时纤手相凝。

11. 丹青、汉青、志丹、留丹——文天祥《过零丁洋》，人生自古谁无死，留取丹心照汗青。

12. 虚竹、竹心——白居易《池上竹》，竹解心虚即我师。

13. 云飞——刘邦《大风驼》“大风起兮云飞扬”。

14. 怡年、福永——曹操《龟虽寿》“养怡之福，可得永年”。

15. 荷风、荷香——孟浩然《夏日南亭杯辛夫》“荷风送香气”。

16. 双燕、燕南——欧阳修《采桑子》“双燕归来细雨中”。

17. 雨娟——杜甫《咏竹》“雨洗娟娟净”。

18. 香韵——崔道融《梅花》“香中别有韵”。

19. 如梦、梦如——苏轼《出郊寻春》“享如春梦了无痕”。

20. 梅妆——欧阳修《蝶恋花》“呵手试梅妆”。

21. 月人——欧阳修《蝶恋花》“平林新月人归后”。

22. 兰舟、晓风——柳永《雨霖铃》“兰舟催发”“晓风残月”。

23. 月桐——苏轼《十算子》“缺月桂疏桐”。

24. 鸿飞——苏轼《十算子》“鸿飞何复计东西”。

25. 悠然——陶渊明“采菊东篱下，悠然见南山”。

26. 琼羽——李白《春夜宴诸从弟桃园序》“开琼莲以坐花，飞羽觞而醉月”。

其实我们还可以从《楚辞》中选择些优美又诗情画意的字词组合来给宝宝取名字。

珵（chéng）美

出处：览察草木其犹未得兮，岂珵(ch é ng)美之能当？

释义：对草木好坏还分辨不清，怎么能够正确评价玉器？

祎（yī）芳

出处：苏粪壤以充祎(y ī)兮，谓申椒其不芳。

释义：用粪土塞满自己的香袋，反说佩的申椒没有香气。

琼佩

出处：何琼佩之偃(y ǎ n)蹇(ji ǎ n)兮，众薆(à i)然而蔽之。

释义：为什么这样美好的琼佩，人们却要掩盖它的光辉。

蕙兰

出处：兰芷变而不芳兮，荃(qu á n)蕙化而为茅。

释义：兰草和芷草失掉了芬芳，荃草和惠草也变成茅莠。

愉兮

出处：吉日兮辰良，穆将愉兮上皇；

释义：吉祥的日子，良好的时光，恭恭敬敬娱乐天神东皇。

欲远

出处：欲远集而无所止兮，聊浮游以逍遥。

释义：想到远方去又无处安居，只好四处游荡流浪逍遥。

少（shào）康

出处：及少康之未家兮，留有虞(yú)之二姚。

释义：趁少康还未结婚的时节，还留着有虞国两位阿娇。

慕之

出处：曰：两美其必合兮，孰信修而慕之？

释义：听说双方美好必将结合，看谁真正好修必然爱慕。

博思

出处：思九州之博大兮，岂惟是其有女？

释义：想到天下多么辽阔广大，难道只在这里才有娇女？